작가의 말

매일 아침, 어김없이 기후 재난 소식을 접합니다. 우리나라 면적보다 더 넓은 숲이 불에 탄 호주, 기록적인 폭우가 쏟아진 남아메리카, 한참 동안 비가 내리지 않아 강의 밑바닥까지 드러난 아프리카, 폭염이 덮친 유럽……. 이 모든 일이 바로 지금, 지구에서 벌어지고 있는 현실이에요.

아주 먼 곳에서 일어나는 일이니 나와는 상관없을까요? 그렇지 않아요. 산불이나 폭우로 식량 생산에 차질이 생기면 경제적으로 얽혀 있는 모두에게 영향을 주어요. 곡물값이 올라 생산 원가가 높아지면, 결국 우리 식탁 위에도 그 여파가 고스란히 드러나지요. 기후 재난은 한 지역의 문제가 아니라, 모두가 얽힌 문제예요. 세계는 긴밀하게 연결된 거대한 공동체이기 때문이지요.

우리나라에서도 최근 폭우와 산불로 소중한 생명과 삶의 터전을 잃는 일이 반복되고 있어요. 매년 봄마다 더 강력하게 발생하는 산불과 여름철 쏟아지는 기습적인 폭우, 겨울이 지나서까지 계속되는 한파와 폭설……. 이제 기후 위기는 우리 삶을 직접적으로 뒤흔드는 문제가 되었어요.

 이 책은 바로 이러한 기후 재난의 현실과 위험성을 알리고자 쓰게 되었어요. 지구 곳곳에서 벌어지는 기후 재난의 현장이 결국 우리 모두의 일이라는 사실을 함께 생각해 보았으면 해요.

 더 늦기 전에 행동하지 않는다면, 우리가 누려 왔던 일상은 더 이상 당연하지 않을지도 몰라요. 지금 우리가 마주한 위기는 인간과 자연, 그리고 공동체 전체를 향한 마지막 경고라는 사실을 깨닫고 함께 고민해 볼 수 있으면 좋겠습니다.

 작은 이야기에서 변화가 시작되리라 믿습니다. 이 책을 읽고 여러분의 마음속에 '지구를 사랑해야겠다'라는 작고 단단한 씨앗 하나가 남길 바라요. 그 씨앗이 언젠가 행동으로 자라나고, 또 다른 생명을 살리는 나무가 되기를 소망합니다.

박효연

차례

작가의 말 ·· 4

#미국
얼어붙은 땅 ··· 8
기후 위기 파헤치기 ·· 기후 위기가 뭐예요?

#이탈리아
불타는 땅 ··· 22
기후 위기 파헤치기 ·· 지구 온도가 계속 올라간다면?

#네팔
마을을 삼킨 빙하 홍수 ··· 36
기후 위기 파헤치기 ·· 지구 온난화가 빙하를 녹여요

#인도네시아
사라진 물고기 ··· 49
기후 위기 파헤치기 ·· 기후 위기가 식량난과 전쟁을 일으킬 수 있다고요?

오스트레일리아
산불의 경고 ··· 63
기후 위기 파헤치기 ·· 멸종을 불러온 기후 위기

케냐
비를 주세요 ··· 78
기후 위기 파헤치기 ·· 기후에도 정의가 필요해요

아르헨티나
모기의 습격 ··· 93
기후 위기 파헤치기 ·· 기후 위기 방지 프로젝트!

대한민국
빗물에 잠긴 도시 ·· 107
기후 위기 파헤치기 ·· 기후 위기를 헤쳐 나갈 우리의 실천 방안

얼어붙은 땅

"와! 눈이다!"

아침에 눈을 뜬 이사벨라는 창밖을 보자마자 소리를 질렀어. 텍사스에 눈이라니!

이사벨라는 재빨리 겨울옷을 꺼내려 옷장 문을 열었어.

"이 옷은 좀 춥겠지?"

한참 동안 옷을 골라도 마땅히 입을 만한 게 없었어. 눈 쌓인 마당에 나가려면 두꺼운 옷이 필요했거든. 이사벨라는 오늘처럼 눈이 펑펑 내리는 걸 난생처음 봤어. 그러니 한겨울 옷이 없을 수밖에.

"이사벨라, 그 옷을 입으면 추울 텐데. 그리고 아침은 먹고 나가렴. 밖이 무척 춥구나."

벽난로를 손보고 있던 엄마는 이사벨라에게 말했어. 창고에서 땔감을 가져오던 아빠 역시 손이 무척 시리다며 벽난로 가

까이 다가왔지.

아침을 먹으라는 엄마의 말에도 이사벨라는 곧장 마당으로 나갔어. 하얀 눈에 당장이라도 뛰어들고 싶었지.

드디어 눈 위에 첫발을 내디뎠어. 뽀드득 눈 밟는 소리가 유난히 크게 들렸어.

오래전 이사벨라는 엄마, 아빠, 할머니와 함께 뉴욕에 간 적이 있었는데 그곳에서 눈을 처음 봤어. 하지만 그 이후로는 눈을 본 적이 없었지. 이사벨라가 사는 텍사스는 사막이 있는 데다 눈이 내리지 않는 지역 중 하나니까. 그런데 눈을 볼 수 있다니 정말 신기했어.

이사벨라는 눈을 굴려 눈사람을 만들었어. 처음 만드는 눈사람치고 꽤 잘 만들어졌어. 생각보다 눈이 많이 내려서 눈사람을 몇 개 더 만들 수 있을 것 같았어.

눈사람을 만들다 말고 이사벨라는 스마트폰을 꺼내 누군가에게 영상 전화를 걸었어.

"여보세요?"

"할머니! 저 이사벨라예요!"

전화를 받은 사람은 이사벨라의 할머니였어. 이사벨라를 본 할머니는 화면 너머에서 활짝 웃었어.

"할머니, 제가 뭘 만들었는지 아세요? 바로 눈사람이에요! 정말 신기하죠? 텍사스에 눈이 많이 내렸어요!"

추위에 코끝이 빨개진 이사벨라가 활짝 웃으며 말했어. 그 말에 할머니는 미소를 지으며 힘없이 말했어.

"그래, 병원에서도 눈이 내리는 걸 봤단다. 텍사스에 오래 살았지만 이렇게 눈이 많이 내리는 걸 본 적이 없어 무척 신기하구나. 그런데 이사벨라, 텍사스에 눈이 왔다는 건 뭔가 안 좋은 일이 생긴다는 뜻이란다."

"안 좋은 일이요?"

"그래, 갑자기 날씨가 이상해진 거지. 콜록콜록……."

할머니는 연달아 기침을 했어. 이사벨라는 오랫동안 병원에 입원해 있는 할머니가 무척 걱정되었지.

"엄마! 날씨가 이상해지는 건 나쁜 거예요?"

집에 들어온 이사벨라는 엄마에게 물었어.

"그럼 물론이지. 갑작스럽게 기후가 바뀌는 건 사람뿐만 아니라 다른 생물들에게도 좋지 않아. 텍사스는 원래 무척 덥고 따뜻한 곳이잖니. 겨울에도 눈이 내린 적이 없고 말이야. 그런 텍사스에 눈이라니……."

그러면서 엄마는 옷장에서 두꺼운 옷을 꺼내 아빠에게 건넸어. 아빠는 곧 출근을 해야 했거든.

사실 며칠 전부터 텍사스에 기온이 떨어지고 눈이 올 거라는 예보가 있었어. 그래서 이사벨라 가족과 이웃들은 벽난로에 쓸 땔감을 미리 준비하고, 추위에 망가지기 쉬운 물건들도 실내로 들여놓았지. 하지만 막상 추위가 닥치자 모든 게 낯설었어.

"또 눈이네……."

아침에 눈을 뜨니 창밖에는 또 눈이 내리고 있었어. 이사벨라는 이제 눈이 싫었어. 눈이 많이 와 며칠째 학교도 못 가고 집에만 있어야 했거든. 게다가 오늘은 유난히 더 추운 것 같았지. 하지만 이사벨라의 친구 제시는 눈이 더 내렸으면 좋겠다고 했어. 마당에서 만든 눈사람을 사진 찍어 보내기도 했지.

"큰일이네."

거실로 나가자 엄마가 스마트폰을 들여다보며 혼잣말을 하고 있었어.

"엄마, 무슨 일이에요?"

"이사벨라, 일어났구나. 밤새 춥지 않았니? 마을에 전기가 나간 것 같아."

그러고 보니 집 안에 불이 들어오지 않아 어두웠어. 게다가 난방도 되지 않아 무척 추웠지. 엄마는 새벽에 갑자기 전기가 나갔다며 그 때문에 물도 나오지 않는다고 했어.

이사벨라는 벽난로에 가까이 다가갔어. 아빠는 곧 전기가 다시 들어올 거라며 이사벨라를 안심시켰지.

하지만 한참이 지나도 전기는 다시 들어오지 않았어. 전기가 들어오지 않으니 요리도 할 수 없었지. 엄마는 데워지지 않은 빵과 찬 우유를 아침으로 준비했어. 이사벨라는 딱딱한 빵을 먹고 싶지 않았지만 배가 고파서 한 입 베어 물었어.

문제는 식사 준비를 못 하는 것뿐만이 아니었어. 전기가 끊어지니 온 집 안이 너무 추웠어. 움직이는 것조차 힘들었지. 이사벨라와 엄마는 옷장에서 두꺼운 옷들을 모두 꺼내 몇 겹씩 껴입었어.

"이사벨라, 아빠 다녀올게."

어느새 출근 준비를 마친 아빠가 이사벨라에게 말했어. 텍사스 전체가 비상사태라 학교는 휴교했고 어른들도 출근하지 않았지만, 아빠는 오늘 회사에서 중요한 일을 해야 한다며 서둘러 집을 나섰어.

아빠가 차에 오른 지 한참 만에 시동이 켜졌어. 추위 때문에 차 시동이 잘 걸리지 않는 듯했지.

이사벨라는 창밖으로 아빠가 출근하는 모습을 본 후 스마트폰을 찾았어. 새벽부터 전기가 들어오지 않아 충전이 되지 않은 상태였지. 얼마 남지 않은 배터리 양을 보며 이사벨라는 한숨을 쉬었어.

이사벨라는 제시에게 메시지를 보냈어. 전기가 언제 들어올지 모르니 최대한 스마트폰을 아껴 써야 했지. 그런데 한참이 지나도 제시는 답장을 하지 않았어. 메시지를 읽었다는 표시도 없었지.

'제시도 스마트폰 배터리가 없나 보네.'

마을 전체에 전기가 들어오지 않는다고 하니 아마 그럴 거라고 생각했어.

이사벨라는 할머니에게 전화를 걸었어. 배터리가 얼마 남지 않았지만 할머니가 어떻게 지내실지 무척 궁금했거든.

"전화 연결이 되지 않아……."

하지만 할머니는 전화를 받지 않았어. 몇 번 더 전화를 걸었지만 마찬가지였지. 할머니가 너무 걱정되었지만 어찌할 방법이 없었어.

"이런!"

엄마가 갑자기 벌떡 일어나 창밖을 내다봤어. 그 바람에 이사벨라도 창밖을 바라보았지.

"눈이…… 너무 많이 내리네요."

아침에 좀 그치는 듯 보였던 눈이 오후가 되자 다시 내리기 시작했어. 이번에는 지금까지 내린 눈보다 더 많은 양이었지. 이사벨라와 엄마는 너무 놀라 자리에 한참을 서 있었어.

엄마는 아무 말 없이 한숨만 내쉬었어. 이사벨라는 이제 제발 눈이 그만 내렸으면 좋겠다고 생각했어.

저녁때가 한참 지났는데 아빠가 돌아오지 않았어. 펑펑 쏟아지던 눈은 조금 잦아들었지만 여전히 내리고 있었지.

"아빠가 늦으시네요."

아빠는 퇴근할 시간이 훨씬 지났는데 소식이 없었어. 이사벨라는 아빠에게 전화를 걸었지.

한참 만에 아빠가 전화를 받았어.

"이사벨라, 지금 집으로 가고 있단다. 그런데 눈이 너무 많이 내려서 도로에서 꼼짝도 못 하고 있구나. 앞에 있는 차들이 움직일 생각을 안 해."

아빠가 답답한지 한숨을 쉬며 말했어. 하지만 이사벨라가 할 수 있는 일은 아무것도 없었어. 그저 아빠가 무사히 집에 돌아오길 바랄 뿐이었지.

엄마는 벽난로에 수프를 데워 이사벨라에게 주었어. 이사벨라는 배가 고팠지만 입맛이 하나도 없었어. 차에 갇혀 있는 아빠가 너무 걱정되었기 때문이야. 그 모습을 본 엄마는 괜찮을 거라며 이사벨라를 다독였지.

잠시 후, 이사벨라의 스마트폰이 완전히 꺼졌어. 이사벨라가

아빠와 마지막 통화를 한 후 얼마 지나지 않은 때였어. 그나마 다행인 건 엄마의 스마트폰에는 배터리가 조금 남아 있다는 거였어.

아빠는 밤늦도록 소식이 없었어. 이사벨라는 엄마의 스마트폰으로 아빠에게 다시 전화를 걸었지.

"아빠, 오고 계신 거예요?"

"이사벨라, 미안하구나. 너무 오래 도로에 있다 보니 연료가 바닥난 것 같아……."

힘없이 말하는 아빠의 목소리가 자꾸만 끊기더니 결국 전화가 끊어지고 말았어. 이사벨라는 전화기 너머로 계속 아빠를 불렀지만 대답이 없었어.

"어머나!"

엄마가 스마트폰을 살피더니 고개를 저었어.

"왜요, 엄마?"

"통신이 안 되는 것 같아."

"통신이 안 된다고요?"

"아마 한파랑 폭설 때문에 그럴 거야. 너무 추우면 전기가 제대로 들어오지 않고 통신마저 안 되거든."

이사벨라는 눈앞이 깜깜해졌어. 엄마의 말이 믿어지지 않았지. 다른 나라에서는 날씨가 춥다고 이렇게 많은 문제가 생기지는 않을 것 같았거든.

"왜, 우리만 그래요?"

"텍사스는 원래 추운 지역이 아니잖니. 그런데 갑작스럽게 날씨가 추워지니 모든 게 준비되지 않아 그런 거지."

엄마는 한숨을 쉬며 말했어. 엄마의 어깨 너머 창밖에는 끊임없이 눈이 내리고 있었어.

창밖엔 여전히 눈이 내리고 있었고, 집 안은 조용했어. 이사벨라는 마치 시간마저 멈춘 듯 창밖을 바라보며 기다렸지.

얼마나 지났을까, 어둠이 깔린 마당에 누군가 조심스레 모습을 드러냈어.

"아빠!"

이사벨라는 주저 없이 마당으로 달려갔어.

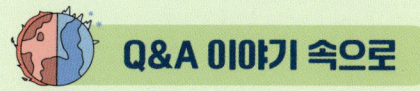 **Q&A 이야기 속으로**

이사벨라는 어디에 살고 있나요?

이사벨라는 미국 남부에 있는 텍사스에 살아요. 텍사스의 정식 이름은 '텍사스주'로, 미국에 있는 52개 주 중에서 두 번째로 넓답니다. 면적이 한반도의 약 3배에 달한다고 해요. 인구는 약 3천만 명으로, 넓은 땅에 비해 사는 사람 수는 적은 편이에요.

텍사스는 우리나라보다 따뜻해요. 일 년 중 여름이 가장 길고 무더워서, 한여름에는 최고 기온이 40도씨까지 올라가는 일도 종종 있지요. 겨울도 우리나라보다 따뜻한 편인데, 북쪽 지역보다 바다와 가까운 남쪽 지역이 더 따뜻하답니다.

기후가 온화한 텍사스에서는 푸르른 초원과 높은 빌딩을 함께 볼 수 있어요.

눈이 오지 않는 텍사스 지역에 폭설이?

2021년 2월 14일부터 닷새 동안 텍사스에 눈이 내렸어요. 어마어마한 폭설에 기온이 급격히 떨어졌고 일부 지역은 기온이 섭씨 영하 22도까지 내려갔죠. 갑작스러운 한파로 여러 발전소가 멈춰 섰어요. 원자력 발전소는 냉각수 공급이 끊기며 가동이 중단됐고, 풍력 발전기도 멈췄어요. 천연가스 공급마저 차단되면서 전기 생산에 큰 차질이 생겼죠. 풍력 발전소를 돌리는 터빈도, 천연가스도 꽁꽁 얼어붙었기 때문이에요.

이 때문에 텍사스주를 비롯해 43개 주에서 약 500만 가구가 정전 사태를 겪었어요. 전기가 들어오지 않아 일상생활이 어려워졌고, 수도관이 얼어 물도 사용할 수 없었죠. 얼어붙은 도로에서 수많은 운전자가 차 안에 갇히기도 했어요. 교통과 통신이 마비된 상태라 구조 작업이 지연되면서 응급 상황에도 대처할 수 없었어요. 이 폭설로 200여 명이 사망했고, 많은 사람이 저체온증과 같은 질병에 시달려야 했답니다.

지구가 뜨거워지는데, 왜 어떤 지역은 추워지나요?

지구의 온도가 올라가면 대기가 불안정해져요. 대기가 불안정해지면 기존에 못 보던 기상 현상이 발생하게 되지요. 그래서 텍사스처럼 따뜻하기만 했던 지역에 폭설이 내리기도 하고, 어떤 지역에는 폭염이, 어느 지역에는 폭우가 쏟아지기도 하는 거랍니다.

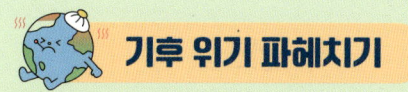

기후 위기가 뭐예요?

'기후'란 '특정 지역에서 일정 기간 되풀이되는 평균의 날씨 상태'를 의미해요. 우리나라를 예를 들어 볼까요? 우리나라는 여름에는 덥고 겨울에는 추운 날씨가 매년 반복되어요. 이게 바로 우리나라의 '기후'랍니다. 기후는 지역마다 달라요. 일 년 내내 춥거나 더운 지역이 있고, 비가 아예 오지 않거나 일정 기간에만 비가 내리는 곳도 있지요.

기후는 원래 잘 변하지 않아요. 하지만 최근 지구의 기후가 급격하게 변화하고 있어요. 추운 지역에 온도가 올라가거나, 비가 오지 않는 지역에 폭우가 쏟아지기도 했지요.

'기후 위기'란, 인간이 배출한 온실가스로 인해 지구의 기온이 급격히 상승하면서 물 부족, 식량 위기, 생태계 붕괴 같은 피해가 점점 커지는 상황을 말해요. 지금 우리 지구의 긴박한 상황을 나타내는 말이지요. 그럼 우리는 어떻게 해야 할까요? 지금부터 지구 온난화로 인한 기후 위기에 대해 알아보아요.

불타는 땅

"알랭, 냉동실에서 얼음 좀 꺼내 주겠니?"

주방에서 요리를 하고 있던 이모가 알랭에게 말했어. 이모는 손수건으로 연신 땀을 닦았어. 그러곤 틀어 놓은 선풍기로는 성에 차지 않는지 알랭에게 얼음을 달라고 했지. 하지만 알랭은 야외 테이블에 앉아 먼 하늘만 바라볼 뿐, 이모의 말에도 전혀 반응하지 않았어.

"알랭!"

이모가 몇 번이고 알랭의 이름을 불렀어. 그제야 알랭은 자리에서 일어나 이모가 있는 쪽으로 힘겹게 다가왔어.

"이런, 알랭! 괜찮니?"

이모에게 다가온 알랭이 넘어질 듯 다리를 휘청거렸어. 그 모습을 본 이모가 놀라서 물었어.

"괜찮아요. 그냥 조금 어지러웠어요."

알랭은 얼굴빛이 창백했어. 이모는 얼음물을 컵에 담아 알랭에게 건넸어.

"이것 좀 마시고 기운 차리렴."

알랭은 이모가 준 얼음물을 마셨어. 그랬더니 기운이 좀 나는 것 같았어.

"알랭, 여기 이러고 있지 말고 집으로 올라가서 누워 있어."

"아니에요, 이모. 이제 괜찮아요."

괜찮다는 말에도 이모는 알랭을 부축해 집 안으로 데리고 갔어. 식당 바로 위층은 이모네 집이었어.

집에 도착한 이모는 알랭을 소파에 앉혔어. 그러곤 창문을 더욱 활짝 열고 알랭을 향해 선풍기를 틀었어. 조금 시간이 지나니 알랭의 얼굴빛이 다시 밝아졌어. 이모는 알랭의 얼굴에 흐르는 땀을 연신 닦아 주었지.

지난주, 여름 방학이 되자 알랭은 이모가 사는 로마로 왔어. 로마에서 피자 가게를 하는 이모도 보고 일도 도와주기 위해서였지. 사실 맛있는 피자를 매일 먹기 위해 온 이유가 가장 컸어. 알랭은 이모가 만들어 주는 피자를 제일 좋아하거든.

알랭은 이탈리아 서남쪽 끝에 있는 섬, 시칠리아에 살아. 시칠리아에서 로마까지는 꽤 멀지만 매년 방학이면 이모가 있는

로마에 오곤 했어. 이번에도 방학이 되자마자 이모 집으로 가는 짐을 꾸렸지.

여름 방학이 시작되기 전부터 이탈리아는 무척 더운 날이 이어졌어.

"한여름도 아닌데 왜 이렇게 더운 거예요?"

"그러게 말이다. 요즘 날씨가 정말 이상하구나."

며칠 동안 시칠리아에 폭염이 계속됐어. 밤에 잠을 자기 어려울 지경이었지. 폭염이 계속되던 어느 날에는 산불까지 났어. 아빠는 며칠 동안 높았던 온도에 건조한 날씨가 더해져 생긴 산불이라고 했어. 비록 알랭이 사는 마을에서 아주 멀리 떨어진 곳에서 난 산불이었지만, 이탈리아 주요 도시까지 번져 한참 동안 불이 꺼지지 않았지.

"예전엔 선풍기를 틀어 놓으면 시원했는데, 이제는 선풍기도 소용이 없어요."

잠에서 깨어난 알랭은 주방에 있는 엄마에게 말을 건넸어.

"그러게, 요즘은 정말이지 너무 덥구나."

엄마도 더운지 땀을 흘리며 아침 식사를 준비하고 있었지.

"알베르토네는 에어컨을 살 거래요."

같은 반 친구 알베르토가 에어컨을 산다고 자랑한 게 생각났어. 이런 날씨면 하루 종일 에어컨을 틀어 놓고 싶었어.

"알랭, 한여름에도 선풍기 바람만으로 충분히 시원해서 에어컨이 필요 없다는 거 잘 알잖니."

엄마는 말을 마치고는 곧바로 입을 다물었어.

엄마 말대로 이탈리아는 에어컨이 필요 없는 곳이었어. 기온이 좀 높이 올라가도 그늘에만 가면 선선한 바람이 부니 선풍기 하나로 여름을 충분히 날 수 있었지. 하지만 지금은 얘기가 달라졌어.

"알랭, 방학이 되면 곧장 이모 집에 가는 게 좋겠다. 거긴 좀 덜 덥다니 말이야."

엄마는 이모가 사는 로마는 시칠리아보다 기온이 낮을 거라며 알랭에게 당장 로마로 가라고 했어. 그래서 원래는 방학이 시작되고 며칠 지난 후 이모네 집에 가곤 했었는데, 이번 여름 방학에는 시작과 동시에 이모 집으로 온 거야.

"그래도 시칠리아보다 로마가 낫지?"

이모는 알랭의 머리를 쓰다듬으며 말했어.

"아니요, 둘 다 똑같이 더운 것 같아요."

소파에 누워 쉬어서 그런지 알랭의 목소리에서 한결 기운이 느껴졌어.

로마에 온 알랭은 푹푹 찌는 날씨에 당황했어. 더위를 피해

서둘러 온 건데 로마 역시 너무 더웠거든. 바닷바람이 불어오는 시칠리아보다 오히려 더 더운 것 같았지.

"그런데 이모, 로마에 사람들이 별로 없는 것 같아요."

"맞아. 원래 관광객이 많은 곳인데 올해 유독 사람들이 적네. 아마 날씨가 더워서인 것 같아."

이모는 식당 안을 둘러보며 말했어. 돌아다니는 사람들이 줄어드니 식당에도 손님이 없었지. 예전 같으면 점심때 몰려드는 손님들로 일손이 부족했을 텐데 말이야.

"그래도 저녁엔 손님이 좀 있겠지."

하지만 어제저녁에도 손님이 두 테이블밖에 없었어. 이모는 손님이 몰려들 거라며 준비해 놓은 음식을 그대로 냉장고에 다시 넣을 수밖에 없었지.

그날 저녁, 이모와 알랭의 걱정이 현실이 되고 말았어. 저녁 식사 시간이 훨씬 지났지만 식당에 손님이 없었어.

"이런……."

주방에서 이모의 목소리가 들려왔어. 알랭은 이모에게 다가갔어. 이모는 지난번 시장에서 사 온 음식 재료들을 꺼내 놓고 있었어.

"재료들이 다 상했구나."

이모는 울상을 짓고 있었어. 이모 말대로 갖가지 채소들이 상한 듯 보였어.

"채소가 왜 상했어요?"

"얼마 전에 정전이 있었거든."

날씨가 더워지면서 사람들이 전기를 많이 사용해서 생긴 정전이라고 했어. 이탈리아의 수도인 로마는 평소 정전이 잘 일어나지 않지만, 요즘처럼 사람들이 한꺼번에 전기를 사용하는 날이면 종종 정전이 발생한다고 했지. 이렇게 발생한 정전으로 이모의 냉장고가 작동을 멈췄고, 그 바람에 냉장고에 넣어 둔 채소들이 상해 버린 거야. 이모 말로는 통풍이 잘되는 외부에 놓은 재료들도 평소보다 더 빨리 상했다고 했어.

"알랭, 내일은 음식 재료 사러 시장에 가자. 이모가 젤라토 사 줄게."

이모는 애써 웃으며 알랭을 보고 눈을 찡긋했어. 이모의 밝은 표정을 보자 알랭은 마음이 놓였어.

알랭과 이모는 아침 일찍 일어나 시장에 갈 채비를 마쳤어. 이른 아침이었지만 벌써 날이 뜨거웠지. 오늘도 무척 더운 날이 될 것 같았어.

시장에 도착했어. 날이 더워서 그런지 문을 연 상점이 얼마 되지 않았어. 그마저도 새벽부터 영업을 시작한 곳들은 문을 닫으려 하고 있었지.

"이 토마토 얼마예요?"

이모는 상자에 담겨 있는 토마토를 보며 물었어.

"한 상자에 23유로(한화로 약 36,000원)예요."

"네? 23유로나 해요?"

가게 주인의 말에 이모는 놀란 듯 되물었어. 토마토 가격이 지난달보다 네 배나 올랐다고 했어. 가게 주인은 가뭄과 폭염이 계속돼 토마토 수확이 줄었다고 푸념했지. 그 바람에 토마토뿐 아니라 다른 채소들 가격도 모조리 올랐다고 덧붙였어.

이모는 한참을 망설인 끝에 토마토, 양파, 올리브 같은 채소와 과일을 샀어. 장바구니를 든 이모의 표정이 어두웠어.

"하아. 대체 장사를 어떻게 해야 할지 모르겠다."

집으로 오는 길에 이모가 혼잣말을 했어.

젤라토를 먹고 있던 알랭은 갑자기 아이스크림의 단맛이 잘 느껴지지 않았어. 어제오늘 이모의 표정이 너무 어두웠지만 정작 자신이 할 수 있는 게 없었지.

어느새 알랭과 이모는 가게에 도착했어. 이모는 시장에서 사온 재료들을 손질했어. 그러곤 점심 장사를 위해 가게 문을 열었지.

이모는 가게가 시원해야 손님들이 찾아올 거라며 가게 안에 선풍기를 틀었어. 하지만 알랭은 아무리 선풍기를 틀어도 손님들은 에어컨이 있는 옆집으로 몰릴 거라고 생각했어. 그 생각을 하니 손님들이 야속했어. 알랭의 생각처럼 아직 점심이 되기도 전인데 옆집엔 사람들로 북적였어. 다들 배가 고파 식당을 찾는다기보단 더위를 피하려고 온 것 같았지. 벌써 대기 손님까지 보였어.

"도와주세요!"

갑자기 누군가 급하게 이모네 가게로 들어섰어. 알랭은 인기척에 자리에서 벌떡 일어났어. 무슨 일인가 싶어서 눈을 동그랗게 뜨고 바라봤지.

"저희 어머니가 쓰러지셨어요. 구급차를 부르긴 했는데 출동 신고가 많아 시간이 오래 걸린대요. 죄송하지만 여기서 잠시 있어도 될까요?"

아저씨는 업고 있던 할머니를 바닥에 눕히며 말했어. 그 말에 이모는 냉장고에서 얼음물을 가져왔지.

알랭은 수건에 물을 적셔 왔어. 어제 이모가 자신에게 해 주었던 그대로였지.

"알랭, 선풍기를 할머니께 가져다 드리렴."

이모의 말에 알랭은 선풍기를 가져왔어.

시간이 좀 지나자 다행히 할머니는 의식을 회복했어.

"날이 이렇게 더울 줄 몰랐어요. 오늘이 여행 첫날인데 광장에 서 있다가 어머니가 갑자기 쓰러지셨어요."

아저씨는 조금 전 상황이 떠올랐는지 떨리는 목소리로 말했어. 그리고 이모 가게로 온 덕분에 어머니가 회복했다며 안심했지.

그때 구급차가 도착했어. 할머니는 구급차에 실려 병원으로 향했어. 가면서도 연신 고맙다는 인사를 잊지 않았지.

알랭은 할머니가 무사해서 다행이라고 생각했어. 이모도 같은 생각인지 할머니가 떠난 길을 한참이나 바라보고 있었지. 비록 저녁 손님이 한 테이블도 없었지만, 이모는 슬픈 표정을 짓지 않았어. 밝은 표정으로 오늘 저녁은 특별 피자를 만들어 주겠다고 했지. 알랭은 이모를 보며 웃음을 지었어. 내일은 손님들로 가게가 북적이면 좋겠다고 생각하면서 말이야.

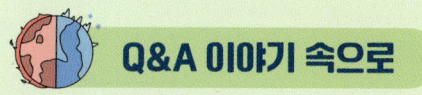

알랭은 어디에 살고 있나요?

알랭은 유럽 남부에 있는 이탈리아에 살아요. 이탈리아는 삼면이 지중해에 둘러싸여 있는 반도 국가예요. 면적은 한반도의 약 1.4배로, 길쭉한 모양이라 지역별로 기후가 다양해요.

북부 지역은 알프스산맥의 영향으로 겨울에 눈이 많이 내려요. 반면에 로마가 있는 중부 지역과 시칠리아섬이 있는 남부 지역은 지중해성 기후를 띠어요. 그래서 여름에는 덥고 건조하며, 겨울에는 따뜻하고 비가 많이 내린답니다.

이모가 사는 로마와 알랭이 사는 시칠리아섬은 오랜 유적과 아름다운 자연으로 유명한 관광지예요.

폭염이 대체 뭐예요?

'폭염'은 극심한 더위를 말해요. 최근 들어 지구 곳곳에서 발생하고 있는데, 지구 온난화로 생기는 기후 재난 중 하나로 꼽히고 있지요. 폭염이 발생하면 많은 인명 피해가 생겨나요. 어지러움을 느껴 쓰러지거나 땀을 많이 흘려 탈진하는 등 온열 질환 환자가 늘기 때문이에요. 2022년에는 유럽에서만 6만여 명의 사망자가 발생했답니다.

왜 갑작스러운 폭염이 일어날까요?

폭염의 원인 중 하나는 '제트 기류'의 변화예요. 제트 기류는 극지방과 적도 사이의 온도 차이로 발생하는 강한 공기의 흐름으로, 지구의 온도를 조절하는 역할을 해요. 그런데 지구 온난화로 극지방과 적도 사이의 온도 차이가 줄어들면서 제트 기류가 느려지거나 불안정해졌어요. 이에 따라 특정 지역에 뜨거운 공기가 오랜 시간 머무르게 되면서 폭염이 발생하게 되는 거예요.

이 밖에도 폭염은 에너지를 많이 쓰는 도시에서 열이 빠져나가지 못하고 모여 있는 '열섬 효과'나 바다 온도가 올라서 발생하는 '엘니뇨 현상'으로 생겨나기도 한답니다.

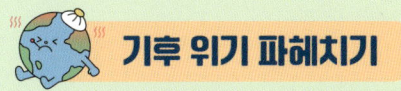 **기후 위기 파헤치기**

지구 온도가 계속 올라간다면?

지구 온난화는 대기 중에 이산화 탄소 같은 온실가스가 많아져서 생긴 현상이에요. 19세기 후반에 일어난 산업 혁명 이후 화석 연료를 많이 사용하면서 이산화 탄소 배출량이 급격하게 늘어났고, 그로 인한 온실 효과가 지구의 기온을 뜨겁게 만드는 지구 온난화로 이어진 것이지요.

산업 혁명 이후 현재까지 지구의 평균 기온은 약 1.2도씨 올랐어요. 얼마 안 오른 것 같지만 1도씨만 올라도 폭염, 폭우, 폭설, 산불, 사막화 등 지구에는 엄청난 일들이 일어난답니다. 기후학자들은 앞으로 지구 기온이 1도씨에서 1.5도씨 정도 더 오를 걸로 예상하고 있어요. 만약 그렇게 되면 날씨는 더욱 극단적으로 바뀌고, 심각한 피해가 발생할 거예요. 많은 동식물이 멸종 위기에 처하고, 생태계 균형이 깨져 식량 위기가 닥칠 수도 있지요. 빙하가 녹아 해수면이 높아지면서 태평양의 작은 섬나라는 바다에 잠겨 사라질 거예요.

그리고 어느 순간을 넘어가면 사람들이 탄소 배출을 하지 않아도 지구는 걷잡을 수 없이 더워진다고 해요. 돌이킬 수 없게 되는 거예요. 그런 날이 오지 않기 위해 우린 어떻게 해야 할까요?

마을을 삼킨 빙하 홍수

이른 새벽, 눈을 뜬 수닛은 몸을 일으켰어. 동생 푸닛은 아직 자고 있었지. 수닛은 조용히 자리에서 일어나 집 밖으로 나가려고 했어.

그런데 그때였어. 수닛이 몸을 일으키려는 순간, 한쪽에 올려놓은 그릇들이 우당퉁탕, 요란한 소리를 내며 바닥에 떨어지고 말았지.

"으앙!"

그와 동시에 푸닛이 울음을 터트렸어.

"이런, 많이 놀랐니? 푸닛, 미안해."

수닛은 푸닛을 안고 다독여 주었어. 그러자 푸닛의 울음이 잠잠해졌어. 그런데 푸닛의 표정이 어두웠지.

"푸닛, 또 오줌 쌌구나."

수닛의 말에 푸닛은 울상을 지었어.

"괜찮아. 미안해할 필요 없어. 오빠가 이불 빨아 줄게."

요즘 푸닛은 작은 소리에도 잘 놀랐어. 게다가 자다가 이불에 오줌을 싸는 일이 많아졌지. 그날 이후, 푸닛은 더 많이 놀라게 된 것 같았어.

"오빠, 나도 같이 가."

푸닛은 아직 어둠이 채 가시지 않은 마당에 나와 수닛에게 말했어.

"아직 학교 가려면 멀었으니까 조금 더 자."

"아니야, 오빠. 나 잠 다 깼어."

푸닛은 오빠 수닛을 졸졸 따라다녔어.

수닛은 푸닛이 오줌 싼 이불을 들고 밖으로 나왔어. 그리고 한참을 걸어 물가로 향했지. 빨래할 때 가는 곳이야.

수닛은 흐르는 물에 이불을 담갔어. 차가운 물이 손에 닿자 남아 있던 잠이 달아나는 듯했어.

"오빠, 너무 차갑지?"

"아니, 괜찮아."

푸닛과 수닛이 사는 네팔 히말라야산맥 주변에는 3월이면 많은 눈이 내리곤 했어. 내리는 눈이 무릎까지 쌓이고 쌓여 단단한 얼음이 되었지. 하지만 이젠 눈도 잘 내리지 않았고, 흔히 볼 수 있었던 얼음덩어리마저 사라지고 말았어.

"오줌 싸서 미안해."

"괜찮아."

수닛은 익숙하게 이불을 빨았어. 맑고 깨끗한 물이 잘잘 소리를 내며 흘러갔어.

"오빠, 물은 힘이 세지?"

"그럼, 아주 힘이 세지."

"집을 삼킬 만큼?"

"……."

푸닛의 말에 수닛은 아무 말도 할 수 없었어. 어린 푸닛이 그때 일들을 기억하는 것 같아 마음이 무거웠지.

물이 집을 삼키고 사람들마저 삼킨 그날은 수닛도 절대 잊을 수 없었어. 한순간도 잊은 적이 없었지.

2년 전, 수닛 가족이 사는 마을에 엄청난 물줄기가 쏟아졌어. 언젠가 책에서 본 바다 같은 거대한 물이 쏟아져 내렸지. 지금껏 한 번도 보지 못한 모습이었어. 이 많은 물은 대체 어디에서 오는 것일까? 아빠는 산꼭대기에 얼어붙은 얼음이 녹아 생긴 물이라고 했어. 내린 눈이 쌓여 얼음이 되고, 조금씩 녹아 히말라야산맥에 살고 있는 사람들에게 귀한 물을 준다고 했지.

그렇게 귀한 물이 그날은 달랐어. 갑자기 들이닥친 물은 수닛이 사는 마을을 덮쳤어. 수닛의 집도 이웃들의 집도 모두 쓸려 갔지. 집과 가축 들만 쓸려 간 게 아니었어. 집 안에 있던 수닛의 엄마와 어린 막냇동생까지도 사라졌어. 학교에 있던 수닛과 그해 막 학교에 입학한 푸닛, 그리고 그 시각 등산객들을 안내하던 아빠만 무사할 수 있었어.

집에 돌아왔을 때는 모든 게 사라진 후였어. 거센 물살 때문에 사람들을 구할 수도, 떠내려가는 가축과 물건을 건질 수도 없었지.

다시 그날의 일들이 떠올라 수닛은 고개를 흔들었어.

빨래를 마친 수닛은 이불을 마당에 널었어. 이불이 햇볕에 잘 말라야 하지만 요즘 들어 맑은 날이 없었어. 늘 스모그가 껴 먼 산은 아예 볼 수 없을 지경이었지.

"예전엔 안나푸르나까지 잘 보였는데……."

수닛은 이불을 널다가 중얼거렸어. 그리고 집 뒤쪽으로 갔어. 집 뒤에 있는 작은 우리에는 소 두 마리가 있었어. 수닛은 능숙하게 소를 우리 밖으로 내보냈어. 학교 가기 전 소에게 풀을 먹이기 위해 늘 하는 일이었어. 그런데 오늘은 이불을 빠느라 시간이 빠듯했지.

소에게 풀까지 다 먹이고 나니 해가 한층 높이 떠올랐어. 수

닛은 푸닛의 아침밥을 차려 준 뒤 학교에 갈 준비까지 마쳤어.

"오빠, 오늘 학교 안 가면 안 돼?"

"학교에 안 가다니, 왜?"

"그냥 가기 싫어서."

"안 돼. 지난번에도 안 갔잖아. 오늘은 꼭 가야 해."

그날 이후 푸닛은 투정이 늘었어. 엄마가 돌아가신 이후 수닛은 바쁜 아빠의 자리를 대신하려 노력했지만 쉽지 않았어. 어린 푸닛을 챙기는 것도 마찬가지였지. 푸닛이 투정을 부릴 때마다 안쓰러운 마음에 푸닛이 하자는 대로 하기도 했지만, 이젠 더 이상 약해지면 안 된다고 생각했어.

"학교 끝나면 오빠가 빠상하고 구슬치기해서 구슬 따 줄게."

수닛은 지난번 이웃 마을에 사는 친구 빠상에게 빼앗긴 구슬을 되찾아 주겠다고 했어. 지금껏 누구도 구슬치기로 빠상을 이기지 못했어. 하지만 수닛은 빠상을 이길 수 있을 것 같았지.

"알겠어. 꼭 구슬 따 줘야 해!"

수닛의 말에 푸닛은 학교에 가겠다고 했어. 그 말을 들은 수닛의 입가에 동그란 미소가 지어졌지.

푸닛과 수닛은 학교에 가기 위해 집을 나섰어. 빠상과 구슬치기를 하기 위해 집에 아껴 놓은 구슬도 주머니에 넣었지. 스모그 때문에 가까운 산이 잘 보이지 않았어. 그래도 늘 다니던 길로 익숙하게 걸음을 재촉했어.

"어! 이 꽃이 벌써 피었네?"

눈으로 덮여 있어야 할 곳은 맨땅이었어. 게다가 오뉴월에나 피어야 할 꽃들이 벌써 고개를 내밀고 있었지.

수닛과 푸닛은 한참이나 꽃을 들여다봤어. 봄이 온 건 반가웠지만 한편으론 변한 날씨가 낯설었지. 게다가 날씨가 따뜻해지면 빙하가 녹을 거고, 녹은 빙하는 또다시 거대한 물줄기가 되어 마을을 뒤덮을 수도 있으니까.

수닛은 조금 더 꽃을 들여다보려는 푸닛의 손을 잡고 다시 학교로 향했어. 해는 벌써 하늘 높이 떴어. 시간을 너무 지체한 모양이야.

푸닛을 교실에 데려다준 수닛은 빠른 걸음으로 운동장을 가로질러 자신의 교실로 향했어. 그런데 그때, 누군가 급하게 교실을 뛰쳐나왔어. 그리고 보니 한두 명이 아니었어. 학교에 막 도착해 1교시 수업을 들어야 할 시간인데, 저 아이들은 왜 교실을 빠져나오는 걸까?

수닛은 급하게 뛰어오는 아이들을 바라보고 있었어.

"어? 빠상!"

그중에는 빠상도 있었어. 그런데 빠상의 얼굴이 금세라도 울음을 터트릴 것만 같았어.

"어딜 가는 거야? 교실에서 왜 나온 거야?"

수닛의 질문에 빠상의 눈에 고였던 눈물이 흘러내렸어.

"우리 집이……."

"집이 왜? 무슨 일 있어?"

수닛은 빠상에게 질문을 쏟아 냈어.

빠상은 결국 울음을 터트렸어. 울음 때문에 무슨 말인지 알아들을 수 없었어.

곧이어 다른 아이들까지 다급한 걸음으로 교실을 빠져나와 운동장으로 나왔어.

"우리 마을이 물에 떠내려갔대."

누군가 수닛에게 말하며 지나갔어. 수닛은 방금 들은 말을 믿을 수 없었어. 온몸이 언 것처럼 움직여지지 않았지. 또다시 거대한 물줄기가 마을을 휩쓸고 간 거야.

잠시 후 수닛은 정신을 차리고 몸을 돌렸어. 집에 가야 했어. 집이 무사한지 두 눈으로 확인하고 싶었어. 수닛의 집은 빠상이 사는 마을과 멀리 떨어져 있지만 안심할 수 없었어. 게다가 등산 안내원인 아빠의 소식도 알 수 없었지.

학교와 집이 꽤 떨어져 있었지만, 오늘은 더 멀게 느껴졌어. 가도 가도 끝이 없어 보였지.

'히말라야 신이시여, 제발 도와주세요…….'

집으로 향하는 내내 수닛은 신에게 기도했어. 그래도 마구 뛰는 가슴을 도무지 진정시킬 수 없었지.

"헉헉."

어느덧 수닛이 사는 마을이 보이는 언덕에 도착했어. 얼마나 뛰었는지 숨이 거칠게 쉬어졌어. 언덕은 수닛의 마을이 한눈에 보이는 곳이었어.

"흑흑."

수닛은 마을의 모습을 보자마자 참았던 울음을 터트렸어. 마을에는 다행히 아무 일도 일어나지 않았어. 산자락에 있는 수닛의 집도 그림처럼 그곳에 있었지. 마을이 안전하다는 걸 본 수닛의 뺨 위로 서러운 눈물이 흘러내렸어. 닦아도 닦아도 눈물은 마르지 않았어.

스모그가 좀 거쳤는지 멀리 안나푸르나산이 살짝 보였어.

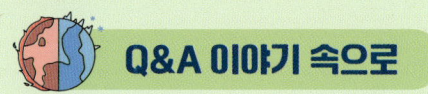

수닛과 푸닛 남매는 어디에 살고 있나요?

    수닛과 푸닛은 세계에서 가장 높은 산맥인 히말라야산맥에 자리하고 있는 나라 네팔에 살아요. 히말라야산맥은 네팔뿐 아니라 중국, 인도, 부탄, 파키스탄 등 여러 나라와 접해 있어요. 또, 세계에서 가장 높은 에베레스트산을 비롯해 높은 산들과 많은 빙하가 자리하고 있어요.

    에베레스트산 등반으로 유명한 네팔에서는 높이에 따라 아열대에서 온대, 냉대, 한대 기후까지 다양한 기후를 경험할 수 있답니다.

히말라야산맥 곳곳에는 빙하가 만든 호수와 마을이 있어요.

빙하는 무슨 역할을 하나요?

극지방의 빙하가 녹아서 북극곰이 살 곳이 없다는 말을 들어 봤을 거예요. 빙하는 지구 환경에 아주 중요한 역할을 해요. 북극곰뿐 아니라 다양한 생물이 빙하에 살고 있기 때문이죠. 또 지구로 오는 태양열을 반사해 지구 온도를 낮춰 주기도 해요.

그뿐이 아니에요. 산악 지역의 빙하는 천천히 녹아 강과 호수로 물을 공급하고, 사람들에게 농업, 식수, 전력 생산 등을 할 수 있게 해 줘요. 히말라야산맥은 세계에서 세 번째로 빙하가 많은 곳으로, 산꼭대기에 있는 빙하가 조금씩 녹아 갠지스강, 메콩강, 양쯔강 등 큰 강을 이루고, 아시아 인구 20억 명의 식수원이 되어 준답니다.

빙하 홍수가 몰려온다고요?

지구 온난화로 전 세계 빙하가 빠른 속도로 녹고 있어요. 바다 위에 있는 빙하뿐만 아니라, 산 위에 있는 빙하도 녹고 있지요. 그래서 산악 지역에 사는 사람들이 위험에 빠졌어요. 산꼭대기에 있는 빙하가 빠르게 녹아내리며 홍수가 발생하기 때문이에요. 2021년, 히말라야산맥의 빙하가 붕괴하면서 큰 홍수가 나 200여 명이 실종되는 안타까운 일이 있었어요. 과학자들은 히말라야산맥뿐만 아니라 안데스산맥도 빙하 홍수의 위험이 크다고 경고하고 있어요.

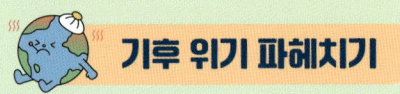 **기후 위기 파헤치기**

지구 온난화가 빙하를 녹여요

　남극과 북극 그리고 높은 산악 지역에 있는 빙하가 녹으면 어떤 일이 생길까요?

　우선 해수면이 올라갈 거예요. 해수면이 올라가면 키리바시, 투발루, 몰디브 같은 섬나라는 물에 잠기게 돼요. 세계 여러 나라의 도시들과 우리나라 역시 침수 피해가 발생하게 되겠지요.

　그뿐만 아니라 빙하가 녹으면 바닷물의 흐름인 해류에도 영향을 끼쳐요. 해류는 일정한 방향과 속도로 흐르며 지구의 열과 산소, 영양분을 순환시키는 아주 중요한 역할을 해요. 이를 '해류의 대순환'이라고 말하지요. 하지만 빙하가 녹으면서 점점 바다가 순환하는 속도가 느려지고 있어요. 그렇게 되면 해양 생태계가 파괴될 거예요. 또 바다로 흡수되던 이산화 탄소도 갈 곳을 잃고 대기 중에 남게 되어 온실가스가 점점 늘어나겠지요. 이처럼 빙하의 역할은 무척이나 중요하답니다.

사라진 물고기

며칠째 비가 내리지 않았어. 건기가 끝난 지 한참 지났지만 하늘은 여전히 눈부시게 파랬어. 파란 하늘 아래로 아빠가 보였어. 카린은 반가운 마음에 아빠에게 달려갔어.

아빠는 빈 통을 바닥에 내려놓았어. 그러곤 한숨을 길게 내쉬었지.

"오늘은 물고기를 잡았어요?"

"아니."

아빠는 짧게 대답하고 더 이상 말을 하지 않았어. 카린은 아빠가 내려놓은 통을 바라보았어. 통에는 물고기가 한 마리도 보이지 않았지.

아빠가 벌써 며칠째 빈손으로 집에 돌아왔어. 한참 전부터 바다에 물고기가 보이지 않는다고 했지.

카린은 아빠의 어두운 표정을 보는 게 싫었어. 하지만 사실

그것보다 싫은 건 카린의 동생을 임신한 엄마가 음식을 먹지 못한다는 사실이었어. 오늘 아침 이웃이 준 물고기로 만든 음식을 먹은 게 다였거든. 언제 배불리 먹었는지 기억나지도 않았지.

카린은 아빠가 내려놓은 통과 낚시 도구를 집어 들고 집 밖으로 나왔어. 오늘은 어떻게 해서든지 물고기를 잡아야겠다고 생각했어.

몇 년 전까지만 해도 동네 친구들과 바다 수영을 할 때 카린은 종종 물고기를 잡곤 했어. 숨을 참고 바닥이 훤히 보이는 바닷속으로 들어가면 또 다른 세상이 펼쳐졌지. 파란색 몸에 검은 줄무늬가 있는 남양쥐돔과 빨간색의 몸을 가진 빨간퉁돔, 커다란 몸집과 혹 모양의 머리를 가진 나폴레옹피시, 참치는 물론 운이 좋으면 바다거북까지 볼 수 있었지.

'손만 뻗으면 물고기들이 잡힐 것 같았는데……'

카린은 바닷속 풍경을 상상했어. 파란 하늘이 펼쳐진 바닷속에는 갖가지 물고기들이 넘쳐 났지. 그런데 요즘에는 왜 이렇게 물고기가 없는 걸까.

카린은 물고기가 없는 현실이 믿기지 않았어. 조금 멀리 나가면 물고기가 있을 것 같았지. 직접 물고기를 잡아야겠다는 생각이 들었어. 몇 마리만 잡아도 가족들이 저녁에 배불리 먹을 수 있을 거야. 아니, 조금 더 잡아서 먹고 남은 건 팔아야겠다고 생각했어. 물고기를 판 돈으로 쌀을 사고 싶었거든. 그래서 물고기를 가득 넣은 볶음밥, 나시고렝을 엄마에게 만들어 주고 싶었지.

"카린! 어디 가?"

이웃에 사는 친구 파하드가 바다로 향하는 카린을 발견하고 말을 걸었어.

"물고기 잡으러."

"요즘 물고기가 별로 없잖아."

"알아. 하지만 난 오늘 꼭 물고기를 잡아야 해."

카린은 파하드를 보지도 않고 말했어. 물고기를 꼭 잡겠다는 결의에 찬 표정이었지.

"그래? 그럼 같이 가자. 내가 도와줄게."

파하드는 대꾸도 하지 않는 카린을 따라갔어.

카린과 파하드는 한적한 바닷가에 도착했어. 카린이 동네 아이들과 수영을 하던 곳과는 좀 떨어진 곳이었지.

"여기가 좋겠다. 물고기가 있을까?"

"일단 물속으로 들어가 보자."

물 밖에서 내려다본 바닷속은 언제나 그렇듯 맑고 투명했어.

바닷속이 훤히 보였지. 그런데 역시나 물고기가 한 마리도 보이지 않았어.

카린은 익숙한 몸놀림으로 물속에 뛰어들었어. 파하드도 카린을 따라 풍덩, 하고 바다에 빠졌지.

"파하드, 조심해! 물고기가 다 도망가겠어."

"도망갈 물고기가 한 마리도 없는데?"

파하드가 개구쟁이 같은 표정으로 말했어. 파하드 말이 맞았어. 정말로 물고기가 한 마리도 보이지 않았지. 심지어 그 많던 산호초도 보이지 않았어.

"예전에는 이러지 않았는데……. 대체 물고기들이 전부 어딜 간 거지?"

카린은 도저히 이해할 수 없었어. 누군가 물고기들을 몽땅 잡아간 게 아닐까 하는 생각도 들었지.

"다른 곳으로 가 보자."

파하드가 카린에게 말했어.

카린은 고개를 끄덕였지. 장소를 옮기면 물고기가 있을지도 모르니까.

하지만 옮긴 곳에서도 여전히 물고기가 보이지 않았어.

"이런. 역시나 그랬어."

"역시나라니?"

파하드의 말에 카린이 궁금한 듯 되물었어.

"산호초가 모두 죽어 버렸어."

카린이 텅 빈 물속을 바라보았어. 장소를 몇 번 옮겼지만, 가는 곳마다 산호가 하얗게 변해 있었지.

"여긴 산호초가 정말 예뻤는데……. 왜 이렇게 된 걸까?"

카린은 다시 물속으로 뛰어들었어. 이전에는 알록달록 다양한 색깔이었던 산호초들은 전부 하얗게 변해 있었어. 언젠가 산호초가 죽으면 하얗게 변한다고 했던 아빠의 말이 생각났어.

"산호초가 죽은 후로 물고기가 보이지 않아. 우리 동네 많은 곳에서 산호초가 죽었잖아."

파하드가 심각한 표정으로 말했어.

그 말에 카린은 고개를 끄덕였어. 그리고 빨리 집으로 가고 싶었지. 아빠에게 물어보고 싶은 게 많았거든.

"아빠!"

집에 도착한 카린은 마당에 낚시 도구를 내려놓고 아빠를 불렀어.

아빠는 분주히 주방 일을 하고 있었지.

"카린. 어디 갔다가 이제 오는 거니?"

"물고기를 잡으려고……."

"바다에 갔었구나. 물고기가 없었을 텐데……. 아빠가 쌀을 좀 구했단다. 오늘 저녁엔 쌀밥을 먹을 수 있을 것 같아."

아빠가 쌀을 구했다는 말에 카린은 군침이 돌았어. 주방에선 벌써 고소한 밥 냄새가 났지.

"자, 어서들 먹어요."

아빠는 방에 누워 있는 엄마를 보며 말했어.

밥상을 들고 들어오는 아빠를 본 엄마는 자리에서 힘겹게 일어나 앉았지. 임신한 엄마는 유독 기운이 없어 보였어. 요 며칠 먹은 게 별로 없었거든. 그런 모습이 안타까워 카린은 더욱 물고기를 잡고 싶었어.

"왜 밥이 두 개밖에 없어요?"

카린은 아빠를 보며 말했어. 접시에 담긴 밥이 두 개밖에 없었던 거야.

아빠는 애써 미소를 지으며 카린에게 말했어.

"아빠는 이미 먹었단다. 어서 엄마랑 함께 식사하거라."

"그래도 또 드세요."

카린이 말했지만 아빠는 한사코 괜찮다고 했어. 따뜻한 김이 올라오는 밥을 보자 카린은 허기를 참을 수 없었어. 그리고 자신이 맛있게 먹어야 엄마가 식사를 할 것 같았지.

밥을 다 먹고 설거지를 하기 위해 주방으로 온 카린은 쌀독을

봤어. 역시나 남은 쌀이 없었어. 빈 쌀통을 보자 아빠가 거짓말을 했다는 생각이 들었어. 아빠가 먼저 먹었을 리 없었지. 카린은 마음이 아팠어.

"아빠……."

마당에서 낚시 도구를 손보는 아빠에게 카린이 다가갔어.

"쌀을 조금밖에 못 구하셨나 봐요."

"오늘은 조금 구했는데 내일은 더 많이 구할 수 있겠지. 그런데 쌀값이 올라서 걱정이구나."

"물고기를 많이 잡으면 쌀을 구할 수 있을 텐데……. 저도 내일 물고기를 잡으러 갈게요!"

카린은 자신감 넘치는 목소리로 말했어.

"오늘 바다에 나가 봐서 알겠지만, 물고기가 별로 없단다."

"대체 왜 물고기들이 사라진 거예요? 예전에는 물고기가 정말 많았잖아요. 물고기를 많이 잡게 해달라고 매년 바다의 신께 음식도 드리는데, 왜 물고기가 안 잡히는 거예요?"

"오늘 바다에서 산호초들을 봤니?"

"네. 산호초가 모두 하얗게 죽어 있었어요. 산호초가 죽은 거와 물고기가 사라진 게 관련이 있나요?"

"산호초는 물고기들이 사는 보금자리이자 먹이를 구할 수 있는 곳이란다."

그러고 보니 예전에 수영할 때 알록달록한 산호초 근처에 물고기들이 많았던 게 생각났어.

"그럼 산호초는 왜 죽는 거예요?"

"바닷물이 따뜻해져서 그렇단다."

"바닷물이 따뜻해졌다고요?"

"바닷물이 따뜻해지면 산호초들이 죽게 마련이야. 산호초가 죽으니 물고기들도 더 이상 알을 낳거나 먹이를 먹을 수 없는 거지."

낮에 파하드와 봤던 하얗게 변해 버린 산호초들이 떠올랐어. 카린은 이제 모든 게 이해되었어. 예전에는 산호초에 숨어드는 물고기들 때문에 산호초가 없어졌으면 좋겠다고 생각했어. 낚시하는 데 방해가 되었기 때문이지. 그런데 산호초가 이렇게나 중요한 역할을 하고 있었다니……. 산호초의 중요성을 몰랐던 자신이 원망스럽기까지 했어.

"기후가 변해서였군요. 산호초들이 죽은 게."

"산호초가 죽고 물고기만 사라진 게 아니란다. 기후가 변해 날이 계속 따뜻해지니 비가 오지 않아 쌀농사도 예전만 못해. 올해 쌀값이 무척 오른 것도 그 이유 때문이지."

아빠는 한숨을 쉬며 얘기했어. 인도네시아에서는 주식이 쌀이라 쌀값이 비싸지면 모두 고통스러워한다는 사실을 카린도 잘 알고 있었지.

기후가 변하면 바다에 있는 물고기들도 육지의 생물들도 잘 살 수 없다는 사실이 슬펐어. 언제쯤 다시 물고기를 잡을 수 있을까? 언제 쌀밥과 물고기를 넣은 요리를 엄마 아빠와 배불리 먹을 수 있을까? 시간이 지나면 죽은 산호초가 다시 살아날까?

"카린, 엄마랑 산책 갈까?"

엄마가 자리에서 일어나 집 밖으로 나왔어. 기운이 좀 났는지 표정이 한층 밝아 보였어.

카린은 오랜만에 엄마의 밝은 얼굴을 보자 기분이 좋아졌어.

카린은 엄마의 손을 잡고 바닷가를 산책했어. 그리고 엄마와 함께 노을이 잘 보이는 곳에 앉아 먼바다를 바라보며 산호초가 건강해져서 물고기들이 돌아오게 해 달라고 기도했지.

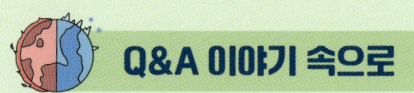

Q&A 이야기 속으로

카린은 어디에 살고 있나요?

카린은 인도네시아에 살고 있어요. 인도네시아는 동남아시아에 있는 나라로 1만 7천 개 이상의 섬으로 이루어져 있어요. 주요 섬으로는 자바, 수마트라, 술라웨시 등이 있어요. 인도네시아의 국토 면적은 한반도의 9배 정도이고, 인구는 약 2억 8천만 명으로 세계에서 네 번째로 많아요. 적도 가까운 곳에 있기 때문에 일 년 내내 덥고 습해요. 건기와 우기로 나뉘고, 연평균 기온은 섭씨 27도에서 30도 사이를 유지한답니다.

인도네시아는 전 세계 산호초의 30퍼센트가 있는 산호 삼각 지대 중심에 있어요.

세계적인 쌀 생산국인 인도네시아에는 계단식 논이 많아요!

산호초가 죽으면 물고기가 사라진다고요?

알록달록 다채로운 색깔이 아름다운 산호초는 수많은 해양 생물에게 집이 돼 주어요. 물고기들은 산호초에 알을 낳고, 천적으로부터 몸을 숨기지요. 이 때문에 산호초에는 작은 물고기들이 많이 살아요. 그뿐만 아니라 산호초는 해양 생물들에게 먹이를 제공해 주기도 해요. 작은 물고기들은 산호초에 사는 미생물이나 조류 등을 먹고, 작은 물고기는 더 큰 물고기들의 먹이가 되어 자연스러운 해양 생태계를 만들지요.

하지만 바닷물 온도가 높아지면 산호초에 영양분을 주던 조류가 죽거나 떠나서 산호초가 하얗게 변하는 백화 현상이 일어나요. 백화 현상이 계속되면 산호초는 죽음에 이르러요. 그러면 산호초에 살고 있던 다양한 생물들이 살 수 없고, 물고기들 역시 사라질 수밖에 없답니다.

2023년 인도네시아의 쌀값 폭등이 엘니뇨 때문이라고요?

'엘니뇨'는 태평양 적도 부근의 바닷물 온도가 올라가는 현상을 말해요. 몇 년에 한 번씩 일어나 이상 기후를 일으켜 피해를 주곤 하지요. 2023년에는 엘니뇨에 지구 온난화까지 더해져 전 세계가 폭염에 시달렸어요. 인도네시아도 이때 피해를 본 국가 중 하나예요. 엘니뇨 현상으로 비가 오지 않는 건기가 길어져서, 물이 많이 필요한 쌀농사가 피해를 보았지요. 이 때문에 쌀값이 비싸졌고, 사람들은 식량을 구하기 어려워서 굶주림에 시달려야 했답니다.

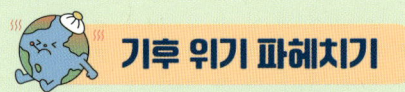 **기후 위기 파헤치기**

기후 위기가 식량난과 전쟁을 일으킬 수 있다고요?

지구 온난화는 가뭄과 폭염 같은 기상 이변을 일으켜요. 물이 부족하면 식물이 제대로 자라지 않아 식량 생산량이 줄어요. 높아진 기온으로 바이러스와 특정 곤충들의 번식이 늘어나서 농작물이 피해를 보기도 하지요.

또한 지구 온난화는 극지방과 고산 지대의 빙하를 녹여요. 고산 지역에 사는 사람들은 빙하가 녹은 물로 농사를 짓고 식수로 사용했는데, 그 빙하가 사라지는 거예요. 이미 히말라야산맥이나 안데스산맥 인근에 사는 사람들은 물 부족에 시달리고 있어요.

이처럼 기후 위기로 물과 식량, 에너지 같은 기본 자원이 부족해지면 국가 간, 지역 간 경쟁이 심해져 갈등이 발생할 수 있어요. 국제기구인 '세계식량계획(WFP)'은 지구 평균 기온이 2도씨 이상 올라가면, 식량 부족으로 굶주리는 사람들이 전 세계적으로 약 2억 명이나 늘어날 것이라고 경고했어요.

산불의 경고

"엘시! 안에 엄마 계시니?"

누군가 엘시네 집 문을 두드렸어. 엘시네 집과 조금 떨어진 곳에 사는 샘 아저씨였어.

"아저씨, 무슨 일이세요? 엄마는 아직 퇴근 안 하셨어요."

엄마는 요즘 회사 일이 많다며 집에 늦게 오는 일이 잦았어.

엘시가 문을 열자 아저씨는 집 안을 한번 훑어보더니 엘시에게 눈길을 돌렸어.

"엄마가 오시면 내가 왔었다고 전해 줄래?"

샘 아저씨는 어깨에 기다란 총을 메고 있었어. 어딘가 살짝 불편한 표정을 짓고 있었지.

그때, 엄마가 탄 차가 집 마당으로 들어서고 있었어. 샘 아저씨는 기다렸다는 듯 엄마에게 다가갔어.

"한나 부인, 캥거루가 또 말썽이에요."

"캥거루가 또 농장에 들어갔나요?"

"벌써 몇 번째인지 모르겠어요. 대체 캥거루를 왜 보호하려는 건가요?"

샘 아저씨는 야생에서 살고 있는 캥거루가 자신이 키우는 양 목장에 들어가 울타리를 부서트렸다고 불평했어. 그 바람에 생긴 틈 사이로 양들이 도망을 갔고, 결국 많은 양을 잃어버리고 말았지. 게다가 캥거루는 목장에 있는 풀과 곡물 들을 잔뜩 먹어 치우기까지 했어.

엘시는 샘 아저씨를 이해할 수 없었어. 물론 양들을 잃어버린 건 안타까웠지만, 그게 엄마 때문은 아니었으니까. 샘 아저씨는 야생 동물 보호가인 엘시의 엄마에게 하소연과 불만을 토로했어. 사람들에게 피해만 주는 캥거루를 대체 왜 보호하냐는 말까지 덧붙였지.

"엄마, 캥거루는 왜 사람들이 사는 곳에 오는 거예요?"

늦은 저녁 식사를 마치고 엘시가 엄마에게 물었어.

"먹을 게 없어서 마을로 내려오는 거란다."

"이렇게 땅이 넓은데 먹을 게 없다고요?"

"그래. 사람들이 동물들이 사는 곳까지 건물을 짓고 도로를 깔아서 야생 동물들이 살 곳도, 먹을 것도 없어지고 있어. 그러니 마을까지 내려오는 수밖에 없는 거지."

의아해하는 엘시에게 아빠가 말했어.

"하지만 캥거루가 먹는 풀들은 사방에 있잖아요."

"그렇지 않아. 기후가 변하는 바람에 캥거루들이 먹는 풀들도 점점 사라져 이전처럼 먹이가 충분치 않거든. 그래서 결국 먹을 수 있는 풀을 찾아 목장으로 내려오는 거란다."

엄마는 캥거루나 다른 야생 동물들이 사람이 사는 곳까지 오다 보니 여러 가지 문제가 생긴다고 덧붙였어. 도로로 갑자기 뛰어들어 사고가 나거나 사람들의 집에 들어가 소동을 피우는 경우도 점점 늘어난다고 말이야.

엄마는 다친 야생 동물들을 구조해 보호소에서 치료해 주는 일을 했어. 보호소에는 다양한 동물들이 있었지만 특히 오스트레일리아에서만 사는 캥거루와 코알라가 많았지. 엄마는 요즘 동물들의 먹이가 사라지는 것은 물론이고 갈수록 야생 동물의 보금자리마저 줄어든다며 걱정했어.

"와, 노을이 무척 빨개요."

그때, 갑자기 엘시의 눈이 창밖을 향했어. 오늘따라 유난히 노을이 붉어 보였지. 마치 하늘에서 붉은빛을 뿜어내는 것 같았어. 엘시의 말에 엄마와 아빠가 모두 창밖을 바라보았어.

"오늘은 노을이 이상하구나……."

"아니, 저건 노을이 아니야!"

엄마의 말이 끝나기도 전에 아빠가 소리쳤어. 그러고는 자리에서 일어나 텔레비전을 켰지. 텔레비전에서는 뉴스 속보가 흘러나왔어.

현재 뉴사우스웨일스주에서 큰불이 나 소방 당국이 진압에 나섰습니다. 하지만 날씨가 건조한 탓에 불길이 쉽게 잡히지 않고…….

"이런, 산불이 크게 났나 보구나."

아빠는 텔레비전 소리를 높였어. 엄마 역시 스마트폰을 검색해 뉴스를 보고 있었지.

"산불이 나면 어떻게 되는 거예요? 그리고 대체 누가 산불을 낸 거예요?"

엘시는 엄마와 아빠에게 질문을 쏟아냈어. 산불이라니, 누군가 일부러 불을 낸 게 틀림없다고 생각했지.

"오스트레일리아는 9월인 봄철에 산불이 종종 난단다. 날이 건조해져서 나무끼리 부딪히거나 마른번개가 치면 자연적으로 불이 나기도 하지. 특히 유칼립투스 나무는 불에 잘 타는 성질이 있어서 더욱 위험해. 그런데 우리 동네 가까운 곳에서도 불길이 보일 정도면 이거 보통 일이 아닌 것 같구나."

아빠는 말하면서도 텔레비전에서 눈을 떼지 못했어.

"동물들이 걱정이구나. 산불이 나면 가장 큰 피해를 보는 게 바로 야생 동물이거든."

엄마는 스마트폰을 보며 걱정스러운 목소리로 말했어.

"여보, 우리도 어서 피해야 하지 않을까요? 우리 동네랑 얼마 떨어지지 않은 곳에서 불이 난 것 같은데."

"소방관들이 금방 끌 거예요. 일단 뉴스를 더 지켜봐요."

아빠의 말에 엄마는 근심 가득한 목소리로 대답했어.

"엘시! 어서 일어나."

며칠 뒤 이른 새벽, 누군가 곤히 잠든 엘시를 흔들어 깨웠어. 엘시의 엄마였어.

"엄마, 무슨 일이에요? 벌써 아침이에요?"

"아니. 아직 새벽이야. 지금 긴급 대피 명령이 내려졌어. 빨리 마을을 벗어나야 해. 산불이 더 커져서 우리 마을까지 오고 있대."

엘시는 잠이 확 달아났어. 자리를 박차고 일어나 엄마 아빠를 따라 차에 올랐지. 엄마 아빠는 간단한 짐만 챙긴 채 차를 끌고 임시 보호소로 향했어.

"불이 이렇게 빨리 번지나요? 어제까지만 해도 전혀 불길이 보이지 않았잖아요."

엘시는 눈을 비비며 말했어.

"화염 토네이도 때문이야."

엘시는 토네이도라는 말에 눈을 동그랗게 떴어. 화염 토네이도는 처음 들어 보는 말이었지만 왠지 무시무시한 힘을 가졌을 것 같았거든. 엄마는 엄청난 높이의 화염 토네이도가 발생해 주변 숲까지 번졌다고 했어. 그래서 오스트레일리아 곳곳으로 산불이 더 번졌다고 했지.

아직 봄인데도 무척 더웠어. 게다가 매캐한 냄새가 계속 났지. 엄마는 나무가 불에 타는 냄새라고 했어. 아빠는 엘시와 엄마에게 방독면을 씌워 줬어.

"이런!"

엄마 아빠가 동시에 소리쳤어. 엘시네 차가 가는 길 쪽으로 불이 난 거야. 엘시도 놀란 눈으로 차 밖의 상황을 지켜봤지.

"어떻게 해요, 엄마?"

엘시는 거의 울먹이듯 물었어. 엄마는 침착한 말투로 엘시를 진정시키고 차를 돌렸지.

불은 서서히 다가오지 않았어. 바람을 타고 순식간에 이곳저곳에 닿았고, 닿는 곳마다 모든 것을 집어삼켰지.

다행히 엘시 가족이 탄 차는 불길을 피해 속도를 냈어.

"잠깐만."

그때 엄마가 갑자기 도로에 차를 세웠어. 한시가 급한 상황이었지만 엄마는 차에서 내려 어디론가 달려갔지.

"여보, 무슨 일이에요? 빨리 가야 한다고요!"

아빠가 방독면을 벗고 외쳤지만, 엄마는 아빠의 소리가 안 들리는 것 같았어. 그러곤 조심스럽게 나무에 다가갔지.

엘시는 그런 엄마의 행동이 무척 위험해 보였어. 대체 엄마가 왜 그러는지 알 수가 없었어.

"코알라!"

엄마는 나무에 있는 코알라를 발견한 거야. 코알라는 불을 피할 생각도 없는지 우두커니 나무에 붙어 있었어. 그 모습을 본 아빠는 차에 있던 생수를 꺼내 들고 달려가 코알라의 몸 여기저기에 뿌렸지. 뜨거운 불길에 속수무책 당하고 있던 코알라를 진정시키려는 것 같았어.

차에 탄 코알라는 생각보다 상태가 심각했어. 코알라의 네발은 화상으로 온통 시뻘겋게 변했고 상처도 깊어 보였어. 게다가 몸도 뜨거웠어. 문제는 그런 코알라가 한두 마리가 아니었다는 거야. 엄마는 가면서 몇 번이나 차를 세웠고, 아빠는 재빨리 차에서 내려 코알라를 구해 왔어.

보호소로 가는 동안 그렇게 구한 코알라가 무려 네 마리나 되

었어. 코알라들은 화상으로 몸이 아픈지 연신 소리를 질러 댔어. 그중 한 마리는 소리 지를 힘도 없는지 축 늘어진 채 꼼짝도 하지 않았지.

엘시는 빨리 동물 보호소에 도착하길 바랐어. 멀리 연기가 하늘을 집어삼킬 듯 번지고 있었지만 다행히 엘시 가족이 탄 차는 불길이 없는 곳으로 빠져나왔어.

한참을 달리던 차는 어느새 동물 보호소 앞에서 멈추어 섰어. 그곳은 이미 많은 차와 사람들로 붐볐어.

엄마와 아빠는 차에서 내려 코알라들을 건물 안으로 옮겼어. 코알라들은 아까보다 진정이 되었는지 얌전히 있었지.

"잠시만요! 길을 비켜 주세요!"

엄마가 마지막 코알라를 보호소 안으로 내려놓고 나오려는 순간 누군가 급하게 소리쳤어.

"샘 아저씨?"

엘시는 다급하게 동물 보호소 안으로 들어가려는 사람이 샘 아저씨라는 걸 발견하고 눈을 동그랗게 떴어. 그도 그럴 것이, 샘 아저씨는 옷으로 감싼 아기 캥거루를 안고 있었어.

한참 만에 다시 밖으로 나온 샘 아저씨는 엘시네 가족에게 아는 체를 했어.

"어쩌다 아기 캥거루를……."

"대피령이 내려서 임시 보호소로 가던 중, 도로 한가운데 쓰러진 캥거루를 만났어요. 불길을 피해 도망가다 연기를 마셨나 봐요. 처음엔 그냥 지나치려 했는데, 뭔가 꿈틀대는 게 보이더군요. 자세히 보니 어미 주머니 안에 아기 캥거루가 있었어요."

샘 아저씨는 그 아기 캥거루를 조심스럽게 꺼내 급히 보호소로 데려왔다고 했어. 이대로 놔두면 새끼까지 잃을 것 같았다고 했지.

"그 작은 녀석이 날 바라보는 눈을 보고 도저히 그냥 갈 수가 없었어요……. 동물이 살아야 숲도 살고 사람도 사는 거 아니겠어요?"

얼마 전 캥거루가 양 울타리를 부쉈다고 화를 내던 샘 아저씨가 지금은 캥거루 한 마리쯤 지나가는 건 괜찮다고 웃으며 말했어.

매캐한 연기처럼 어두웠던 아저씨 얼굴에 그날 처음, 아주 조금 따뜻한 빛이 비쳤지.

엘시네 가족은 한참 만에 집으로 돌아왔어. 산불은 6개월 후 비가 온 후에야 사그라졌지. 하지만 많은 야생 동물이 사라지거나 다쳤고, 살아남은 동물들을 돌보느라 엄마는 매일 늦게까지 보호소에 있었어.

엄마는 이대로 가다간 코알라가 모두 사라질지도 모른다고 걱정했어. 엘시는 동물들이 모두 사라진다면 남아 있는 사람들은 어떻게 될지 생각해 봤어. 하지만 도무지 답을 알 수 없었어. 산불이 꺼졌지만 마치 연기 가득한 불타는 숲에 홀로 서 있는 기분이었지. 그래도 샘 아저씨를 생각하면 기분이 한결 나아졌어. 무뚝뚝한 샘 아저씨도 달라졌으니, 우리도 뭔가 바꿀 수 있을 것 같았거든.

며칠 뒤, 엘시는 마을 길을 걷다 검게 그을린 나무들 사이에서 아주 작은 싹들을 발견했어. 그 연둣빛 새싹은 재와 흙을 뚫고 고개를 내밀고 있었지.

엘시는 조심스럽게 그 앞에 쪼그려 앉았어. 그리고 조용히 말했지.

"다시 살아 줘서 고마워."

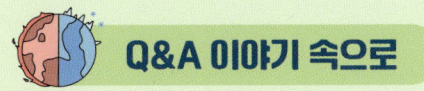
Q&A 이야기 속으로

엘시는 어디에 살고 있나요?

엘시는 오세아니아 대륙에 있는 오스트레일리아에 살아요. 오스트레일리아의 정식 이름은 '오스트레일리아 연방'으로, '호주'라고도 부르지요. 오세아니아 대륙은 남반구에 있어 북반구에 있는 우리나라와 계절이 정반대예요. 오스트레일리아는 국토 면적이 한반도의 약 35배로, 무척 큰 땅을 가진 나라예요. 국토가 넓은 만큼 지역마다 다양한 기후를 보이지요. 서부와 북부 지역은 열대 기후, 남부는 온대 기후, 대륙의 중앙은 사막 기후를 나타내요. 내륙 지방은 대체로 거칠고 메마른 땅이어서 사람들은 주로 연중 맑고 따뜻한 기후를 보이는 동부와 남부, 남서부의 해안선을 따라 산답니다.

산불의 원인이 기후 변화 때문이라고요?

지구 온난화 현상은 극단적인 환경을 만들어요. 2019년 오스트레일리아에서 대형 산불이 난 건, 지구 온난화로 날씨가 더 건조하고 뜨거웠기 때문이에요. 오스트레일리아에서는 건조한 봄철에 산불이 종종 발생하는데, 그동안은 사람들이 쉽게 끌 수 있었어요. 하지만 지구 온난화로 바다의 수온이 오르면서 오스트레일리아에 고온 현상이 이어졌고, 대기가 무척 건조해져서 2019년에 일어난 산불은 걷잡을 수 없이 번졌어요. 해외에서도 소방관을 파견할 만큼 대규모 진압 작전을 펼쳤지만, 결국 불길을 잡지 못했지요. 장장 6개월간 이어진 산불은 비가 오고 나서야 겨우 꺼졌어요.

산불과 연기로 많은 사람이 죽거나 다쳤고, 건물 수천 채와 오스트레일리아 전체 숲의 약 14퍼센트가 불에 탔어요. 무엇보다 야생 동물들의 피해가 극심했지요. 오스트레일리아 남서부, '캥거루섬'에 살고 있는 수만 마리의 코알라와 캥거루 들이 불길을 피하지 못하고 사라졌답니다.

산불이 지구 온난화를 부추긴다고요?

최근 들어 전 세계적으로 대형 산불이 발생하고 있어요. 지구 온난화로 환경이 고온 건조해지면, 산불이 쉽게 발생하고 또 잘 꺼지지도 않아요. 산불은 오랜 시간 많은 나무들을 태워 버리죠. 이때 발생하는 연기에서 지구 온난화의 원인인 이산화 탄소가 엄청나게 배출되어요. 기후 위기로 일어난 산불이 기후 위기를 더욱 부추기게 되는 셈이지요.

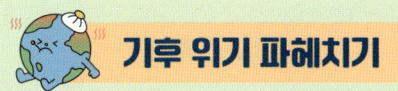 **기후 위기 파헤치기**

멸종을 불러온 기후 위기

지구에 사는 대부분의 생물이 사라지는 것을 '대멸종'이라고 해요. 45억 살인 지구에서는 지금까지 총 다섯 번의 대멸종이 있었어요. 과학자들은 대멸종의 원인을 소행성 충돌이나 화산 분출로 인해 일어난 급격한 환경 변화로 추측하고 있어요. 갑작스러운 환경 변화가 지구 생물들에게 막대한 영향을 끼친 것이죠.

그런데 과학자나 기후학자 들은 가까운 미래에도 대멸종이 일어날 수 있다고 경고하고 있어요. 가장 대표적인 현상으로 '지구 온난화'를 꼽지요. 지구의 기온이 높아지면서 지구 환경이 급격하게 변하고 있기 때문이에요. 지구의 온도가 올라 세계 곳곳에서 폭염, 폭설, 폭우, 산불 등 극단적인 기후 현상이 더 자주, 더 강하게 나타나고 있어요.

대멸종이 일어날 때마다 생태계의 제일 꼭대기에 있는 종들은 모두 멸종했어요. 공룡처럼 말이죠. 기후 위기가 지속된다면 인간을 포함한 지구상의 생물들이 멸종할 수도 있어요. 우리가 기후 위기에 관심을 가져야 하는 이유이죠.

비를 주세요

"보고 싶은 엄마, 우리를 도와주세요."

와시케가 나뭇가지로 강바닥에 글자를 썼어. 강바닥 진흙에 글자가 선명하게 드러났어.

"와시케, 뭐 해?"

형 에베이는 강바닥에 쭈그려 앉아 글자를 쓰고 있는 와시케에게 다가오며 물었어.

"아무것도 아니야."

와시케는 바닥에 써 놓은 글자를 형이 볼까 싶어 얼른 손으로 지웠어.

"또 글자를 쓰고 있었구나. 어차피 학교도 못 가는데 왜 자꾸 글자를 쓰는 거야."

형은 와시케에게 핀잔주듯 말했어.

와시케와 에베이는 몇 달째 학교도 가지 않고 호수에 나와 있었어. 아니, 사실 호수가 아니라 호수가 있던 곳이었지. 몇 년 동안 우기가 되어도 비가 오지 않았고, 결국 끝이 보이지 않던 호수가 마르고 말았거든.

"글자 쓰지 말고 땅이나 파."

형은 와시케에게 삽을 건넸어.

와시케는 들고 있던 나뭇가지를 멀리 던져 버리고 삽을 집어 들었어.

"정말로 땅을 파면 물이 나오는 걸까? 어제도 안 나왔잖아."

"……."

형은 와시케의 물음에 답하지 않았어. 에베이 역시 땅을 판다고 해도 물이 나오지 않는다는 걸 아는 것 같았어. 굳게 다문 입술이 그 대답을 대신하는 것 같았지.

"악어들은 다 어디 갔을까?"

땅을 파느라 이마에 송골송골 맺힌 땀을 닦으며 와시케가 형에게 물었어.

"그 많던 새들은, 하마들은, 물고기들은……."

"와시케! 자꾸 말 시키지 말고 얼른 땅이나 파. 우리 오늘도 물을 못 구하면 염소랑 할아버지랑 다 죽을지도 몰라!"

형은 화가 난 듯 소리를 버럭 질렀어. 그 바람에 와시케는 입을 꾹 다물고 다시 땅을 파기 시작했지.

"여긴 물이 안 나올 것 같아. 다른 곳으로 옮기자."

얼마나 지났을까? 형이 지친 목소리로 와시케에게 말했어.

"형, 어제도 파고 그제도 팠는데 물이 없잖아. 그만하면 안 돼? 나 너무 힘들어."

형의 말에 와시케는 울먹이듯 말했어. 해가 쨍쨍 내리쬐는 한낮, 그늘을 만들어 주는 나무 하나 없는 곳이었어. 게다가 땅이 움푹 들어가 있어 바람조차 불지 않아 더 더웠지.

"와시케, 힘든 거 알아. 마지막으로 자리를 한 번만 더 옮겨 보자. 저 위쪽으로 가면 물이 있을지도 몰라."

형은 삽을 들고 말라 버린 호수 위쪽으로 걸어갔어. 그 뒤로 와시케가 터덜터덜 길을 따랐어.

"억! 저거 뭐야?"

와시케가 호수 바닥에 누워 있는 것을 보고 말했어. 멀리서 보았지만 꿈틀거리는 것도 같았어.

"가젤 같은데?"

형의 말이 맞았어. 가까이 다가가니 가젤 한 마리가 바닥에 누워 있었어. 한눈에 봐도 사람이 한 짓은 아닌 것 같았어. 물을 찾아 돌아다니다가 말라 버린 호수에서 죽은 게 틀림없어 보였지.

"너무 말랐다. 물도 못 마셨겠는데……."

호수 주변에는 풀이 한 포기도 보이지 않았어. 그러니 동물들은 밥도 못 먹고 물도 못 마시고 한참을 헤매다 쓰러졌을 거라 생각했어. 사실 가젤 말고도 곳곳에 쓰러져 죽어 있는 동물들이 많았어. 갈수록 그런 동물들의 사체가 더 많이 보였지.

형은 죽어 있는 가젤을 뒤로하고 호수 위쪽으로 올라갔어. 그리고 진흙이 있는 곳에 자리를 잡고 다시 땅을 팠지. 와시케도 형과 함께 삽을 들었어. 먹은 게 없어 기운이 없었지만, 곧 물이 나올 거라 생각하며 있는 힘을 다해 땅을 팠어.

"집에 가자."

깊이 파 내려간 바닥에서 물이 나올 것 같지 않자 형이 말했어. 와시케는 울 힘도 없었어. 아무리 강바닥을 파도 이제 소용없을 것 같았어.

"형, 이곳에 악어들이 살았다는 게 믿어지지 않아. 옛날에 정말 악어가 많았을까?"

와시케가 형에게 물었어.

"그럼. 여긴 정말 물이 많았어. 할아버지가 악어 사냥꾼이었잖아."

와시케의 할아버지는 젊은 시절에 악어를 사냥했었어. 야자수 나무로 만든 배를 타고 노를 저어 호수 한가운데로 나가면 악어들이 득실대는 곳에서 악어 한 마리를 골라 사냥하곤 했지. 그때 생긴 상처가 아직도 다리에 남아 있었어. 할아버지는 그 상처를 보여 주면서 와시케와 에베이에게도 나중에 훌륭한 악어 사냥꾼이 되라고 했어. 그리고 작살 던지는 방법을 일러 주곤 했지. 하지만 그 일들은 이미 오래전 이야기였어. 더 이상 악어도, 호수도 없었으니까.

"물은 왜 사라졌을까?"

"비가 오지 않으니까."

"그럼 비는 왜 안 오는 거야?"

"……."

형은 더 이상 말을 하지 않았어. 그저 앞만 보고 집으로 갈 뿐이었지. 와시케는 형이 앞선 길을 따라 걷다가 하늘을 올려다봤어. 눈부시게 푸른 하늘엔 구름 한 점 없었어.

"와시케, 에베이 왔니?"

집 안으로 들어서자 자리에 누워 있던 할아버지가 힘겹게 일어나며 말했어. 그러곤 근처에 있던 접시와 물을 건넸어.

"어! 할아버지, 웬 물이에요? 먹을 것도 있고."

접시에는 옥수숫가루로 만든 우갈리가 조금 담겨 있었어. 음식을 보자마자 와시케는 손을 뻗었어. 배가 너무 고파 참을 수 없었거든.

"어서 먹어라. 할애비는 이미 배불리 먹었단다."

와시케는 할아버지가 거짓말을 하는 게 틀림없다고 생각했어. 그릇에 담긴 우갈리에는 손을 댄 흔적이 없었거든.

"먼 데서 사람들이 와서 음식과 물을 주고 가더구나."

그러면서 할아버지는 그 사람들이 마을 공동 물탱크에 관한 얘길 했다고 했어. 마을 물탱크는 그전에 들은 적이 있었어. 케냐에서 물이 없는 지역에 만들어진 물탱크였지. 와시케가 사는 마을은 호수도 있고 깨끗한 물도 풍부해서 물탱크가 필요 없었어. 하지만 지금은 얘기가 달라졌지.

와시케는 우갈리를 먹으려다 말고 물을 들고 집 밖으로 나갔어. 그리고 흙먼지 가득한 염소의 물그릇을 탁탁 털고 물을 담았지.

"미안. 물이 조금밖에 없어."

염소가 알아들을 리 없었지만 물을 먹는 걸 보니 와시케의 얼굴에 미소가 떠올랐어.

"와시케, 어서 일어나."

이른 아침, 형이 와시케의 귀에 대고 말했어. 와시케는 졸린 눈을 비비며 자리에서 일어났어.

"왜, 무슨 일이야?"

"무슨 일이긴. 어제 할아버지가 말한 곳에 다녀오자. 물 길어 와야지."

형의 목소리에서 힘찬 기운이 느껴졌어. 물탱크가 있는 곳까지는 거리가 멀었지만 한번 다녀오면 많은 물을 가져올 수 있다고 생각했지.

와시케와 에베이는 집 안에 있는 통을 모두 모았어. 그래 봤자 세 개밖에 되지 않지만 그래도 세 통에 가득 물을 담아 오면 며칠은 쓸 수 있을 거야.

"할아버지, 다녀올게요!"

"마을 공동 물탱크까지는 무척 멀단다. 조심히 다녀오너라."

할아버지는 간신히 기운을 차리며 아이들에게 말했어.

할아버지와 인사를 나눈 와시케는 우리에 있는 염소를 보았어. 염소 역시 기운이 없는지 축 늘어져 꼼짝도 하지 않았지.

'조금만 기다려. 곧 물을 떠 올게.'

와시케는 염소를 보며 마음속으로 말했어. 그 마음을 아는지 모르는지 염소는 힘겹게 고개를 들더니 다시 고개를 숙였어.

얼마나 갔을까? 어느덧 해가 머리 위에 떠 있었어. 불어오는 바람이 희미하게 느껴졌지.

"형, 잠깐 쉬었다 갈까?"

뜨거운 햇볕 아래 오랜 시간 걸어온 와시케는 기운이 다 빠졌어. 벌써 몇 번을 쉬었지만 가도 가도 끝이 없을 것 같은 길이 멀리까지 이어져 있었어.

"조금만 더 기운 내. 가서 물 실컷 마시자."

물을 마시자는 형의 말에 와시케는 침을 꼴깍 삼켰어. 원 없이 물을 마실 수 있다는 생각만 해도 없던 기운이 생기는 것 같았지.

물탱크가 있는 마을로 가는 길엔 많은 동물이 죽어 있었어. 가까이에서 볼 수 없었던 맹수들뿐 아니라 기린이나 코끼리 같은 큰 동물도 많았지. 초원의 주인이었던 동물들이 초원의 흙이 되어 사라지고 있었어. 와시케는 죽은 동물들을 뒤로하고 오직 물을 향해 걷고 또 걸었어.

"형! 저기 마을이 보여!"

저 멀리 마을의 모습이 보이자 느려졌던 발걸음이 빨라졌어. 와시케와 에베이는 빠른 걸음으로 마을로 향했어.

"이럴 수가!"

마을 공동 물탱크에 도착한 에베이는 그 자리에 멈춰 서고 말았어.

"왜 그래, 형? 무슨 일이야?"

뒤에 서 있던 와시케가 물으며 형이 보던 곳을 바라봤지.

마을 공동 물탱크에는 이미 사람들이 몰려 있었어. 그런데 물탱크에 물이 없는지, 사람들이 아무리 펌프질을 해도 물이 나오지 않았어.

"물을 꼭 가져가야 하는데……."

와시케는 마음을 졸이며 그 모습을 바라봤어.

한참 펌프질을 한 끝에 땅속 깊은 곳에서 나온 듯한 물이 쏟아졌어. 사람들은 탄성을 질렀어. 와시케의 얼굴도 밝아졌지. 물을 보는 것만으로도 갈증이 해소되는 것 같았거든.

와시케와 에베이는 줄을 서서 한참 동안 기다린 후에야 물을 구할 수 있었어. 물을 받자마자 그 자리에서 벌컥벌컥 마셨지. 그리고 가지고 온 통에 한가득 물을 받았어. 다시 집으로 돌아갈 길이 막막했지만, 물을 얻어 다행이라고 생각했어.

와시케와 에베이는 물이 가득 든 물통을 들고 파란 하늘이 끝없이 펼쳐진 들판으로 걸어갔어. 집에 있는 할아버지와 염소를 생각하니 물통이 아주 무겁게 느껴지지는 않았어.

와시케와 에베이는 어디에 살고 있나요?

와시케와 에베이 형제는 아프리카 대륙 동쪽에 있는 케냐에 살아요. 정식 국명은 '케냐 공화국'으로, 다양한 기후와 자연 경관을 자랑하지요. 해안 지역은 열대 기후이고, 고지대 지역은 온화한 기후를 보여요. 반면 북부와 동부 저지대는 건조하고 뜨거운 사막이 펼쳐져 있어요.

케냐는 건기와 우기가 뚜렷하고, 우기 때 풍부한 비가 내려 호수와 초원, 숲이 우거진 대자연의 땅으로 불리기도 한답니다. 날씨에 따라 수백만 마리의 야생 동물이 이동하는 장관이 펼쳐지기도 하지요. 하지만 지구 온난화로 인한 기후 변화로 건기와 우기의 구분이 모호해졌다고 해요.

아들, 이제 좀 걸어가지?

조금만 더 옮겨 줘요.

암보셀리 국립 공원에는 우리 같은 야생 동물이 많아.

우기 때 케냐는 먹을 게 풍부해요.

기후 위기 때문에 난민이 생긴다고요?

    기후 위기로 '기후 난민'이라는 말이 생겼어요. 원래 난민이란 전쟁이나 테러, 재난, 정치적 괴롭힘을 피해 다른 곳으로 탈출하는 사람들을 말해요. 예전엔 주로 전쟁 때문에 이주한 사람들이 많았지요. 기후 난민은 '사는 곳의 기후가 변해 더 이상 살아가기 힘들어서 다른 곳으로 이주할 수밖에 없는 사람들'을 말해요. 이러한 기후 난민은 다양한 지역에서 발생하고 있답니다.

동아프리카 최악의 가뭄이 지구 온난화 때문이라고요?

    2022년 동아프리카 지역에는 40년 만의 극심한 가뭄이 닥쳤어요. 지구 온난화로 바다의 온도가 올라갔고, 그 영향으로 동아프리카에 강수량이 줄어들어 가뭄이 발생한 거예요. 비가 오지 않으니 사람들은 농사를 지을 수 없었어요. 호수나 강의 물도 말라 어업에 종사하던 주민들 역시 굶주림에 허덕였지요.

    다음 해인 2023년에는 폭우가 쏟아져 홍수가 나기도 했어요. 이 역시 주변 바다의 온도가 올라가서 일어난 일이었어요. 전문가들은 지금처럼 온도가 끊임없이 올라간다면 급격한 기후 변화가 더욱 자주 발생할 거라고 예측하고 있어요.

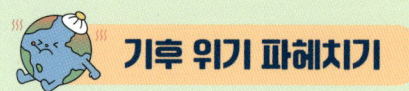
기후 위기 파헤치기

기후에도 정의가 필요해요

환경이 오염되어서 생기는 피해는 누가 받을까요? 반대로 오염시키고 얻은 경제적 혜택은 누가 가져갈까요? 모두가 똑같이 피해를 보거나 혜택을 얻을까요?

물론 그렇지 않아요. 환경을 파괴했지만 혜택을 가져가고, 환경 보호를 위해 노력했는데도 기후 위기로 피해를 당하는 경우도 있어요. 이런 상황이 공정한가요? 아마 정의롭지 못하다는 생각이 들 거예요.

환경 분야에서 정의와 평등을 실현하는 것을 '환경 정의'라고 해요. 환경 정의는 가난한 사람과 부자, 어린이와 어른, 자연과 인간, 강대국과 힘 없는 국가 간의 차별 없이 환경을 보전했을 때 생기는 혜택을 다 함께 누리고, 피해는 공평하게 나누자고 말해요.

기후 위기로 위험에 빠진 나라들의 문제에 관심을 기울이고, 국제적인 협력과 지원이 이어진다면 환경 정의가 실현될 수 있어요. 그러면 지금보다 더 살기 좋은 지구를 만들 수 있을 거예요.

모기의 습격

아직 봄이지만 며칠 동안 더운 날이 이어졌어. 모레나는 땀을 흘리며 집 안에서 무언가를 들고 나왔어. 물에 젖은 책들이었지. 모레나는 햇볕에 책을 말릴 생각이었어.

"모레나, 그릇도 좀 말려야겠구나."

엄마는 책을 가득 안은 모레나에게 말했어. 모레나는 하릴없이 들고 있던 책들을 바닥에 내려놓고 엄마가 준 그릇을 들고 밖으로 나갔지.

며칠 전 모레나가 살고 있는 아르헨티나의 부에노스아이레스에 많은 비가 내렸어. 갑자기 내린 비로 지대가 낮은 마을은 무릎까지 물이 들이차고 말았지. 그 바람에 빗물이 집 안으로 들어와 식기 도구며 옷, 가구, 책 들이 물에 잠기고 말았어. 집 안에 차 있던 물은 다행히 이튿날 모두 빠져나갔어. 하지만 살림살이가 몽땅 물에 젖어 엄마는 신경이 곤두서 있었지.

옷과 그릇 등을 밖에 꺼내 놓은 모레나는 마지막으로 책을 들고 나갔어. 어릴 적부터 재미있게 읽은 동화책이 비에 젖어 책 표지를 열어 볼 수 없을 지경이었어.

"휴."

모레나는 절로 한숨이 나왔어. 그중에는 친구에게 빌린 책도 있었고, 나중에 읽으려고 아껴 둔 책들도 있었지. 젖은 책들을 바라보니 비가 억수같이 쏟아지던 날이 떠올랐어. 모레나는 그날처럼 갑작스럽게 많은 비가 내리는 건 태어나서 처음 봤어. 아직도 그렇게 많은 비가 왔다는 게 믿기지 않을 정도였지.

책을 마당에 널어놓고 모레나는 고개를 들었어. 하늘은 언제 그랬냐는 듯 높고 푸르렀어.

"누나!"

그때 밖에서 동생 호세가 뛰어왔어.

모레나는 호세를 바라보곤 깜짝 놀랐어. 옷이 물에 다 젖어 있었거든.

"이런, 호세! 물장난을 친 거야? 지난번에도 옷이 흠뻑 젖어서 오더니."

"물장난한 거 아니야. 집에 오다가 물웅덩이에 빠졌어."

호세는 장난쳤냐는 누나의 말에 억울한지 울먹이며 말했어. 표정을 보니 정말인 것 같았지.

호세는 길에 생긴 큰 물웅덩이를 미처 보지 못해 빠졌다고 했어. 다행히 다치진 않았지만 옷이 다 젖어 버렸지.

모레나는 호세가 벗어 놓은 빨래와 비에 젖어 엉망이 된 옷들을 보여 한숨을 내쉬었어. 엄마 역시 할 일이 많아 빨래를 모레나에게 맡긴 상태였어. 그냥 예전처럼 학교에만 다니고 싶었지만 그럴 수 없었어. 비가 휩쓸고 간 뒤 쌓인 집안일을 해야 했기 때문이야. 모레나도 호세처럼 아무 걱정 없이 친구들과 놀고 싶었어.

"잡았다!"

호세는 집 안 여기저기를 뛰어다니며 장난을 쳤어.

모레나는 정신없이 뛰어다니는 호세에게 참다못해 소리쳤어.

"호세! 그만 뛰어다니고 이 옷들 좀 밖에 내놔 줄래?"

하지만 호세는 모레나의 말을 못 들었는지 대답이 없었어.

"호세! 그만 장난치고 누나 좀 도와줘!"

모레나가 더 큰 소리로 말했어.

그러자 호세는 마지못해 달려와 누나가 건넨 옷들을 밖으로 가져갔어. 그러곤 빨랫줄에 아무렇게나 올려놓았지.

한참 뒤 모레나는 마당에 나와 엉망으로 걸려 있는 옷들을 탁탁 털어 다시 빨랫줄에 걸었어.

"누나! 날벌레들이 되게 많아."

호세는 잠시도 가만히 있지 않았어. 틈만 나면 질문을 쏟아 내고 엄마와 모레나에게 다가와 말을 걸었지.

탁!

"앗, 모기다!"

호세는 빨래를 널고 있는 모레나에게 다가와 어깨를 쳤어. 모레나는 참았던 화가 치밀어 올라 버럭 소리를 질렀어.

"호세! 한 번만 더 장난치면 정말 혼날 줄 알아!"

"그게 아니고 모기 때문에……."

모레나는 호세의 말을 듣지도 않고 집 안으로 들어가 버렸어. 얼마 뒤 호세가 집 안으로 따라 들어왔어.

"누나, 밖에 모기가 정말 많아."

호세는 모레나에게 언제 혼났냐는 듯 말했어. 책을 한 권 한 권 닦고 있던 모레나는 호세의 말에 대꾸도 하지 않았지.

마침 출근했던 아빠가 돌아왔어.

"이거 큰일인데……."

"무슨 일이에요, 아빠?"

"거리에 모기랑 날벌레가 엄청 많아. 앞이 안 보일 지경이야."

모레나의 말에 아빠는 손을 휘휘 내저으며 말했어. 아빠가 문을 열자마자 날벌레 몇 마리가 따라 들어왔지. 아빠의 말대로 날벌레들이 엄청나게 많았어.

"모기가 왜 이렇게 많아졌어요? 아직 여름도 아닌데……."

"날이 더우니 모기가 극성일 수밖에. 게다가 모기가 알을 낳을 곳이 많아졌으니 더 생겼겠지."

모레나의 질문에 아빠는 심각한 표정으로 말했어. 아빠의 말을 들으니 얼마 전 내린 비로 곳곳에 생긴 웅덩이가 떠올랐어. 그곳에 모기들이 알을 낳을 거라는 생각이 들었지. 비가 온 집 안을 휩쓸고 엉망으로 만들더니 결국 모기까지 많아지게 한다는 사실이 놀라울 뿐이었어.

"에잇, 귀찮은 모기."

호세는 집 안을 누비며 모기를 잡았어. 그렇지만 작은 손에 잡히는 모기는 별로 없었지. 그런데도 호세는 신난 듯 모기를 쫓아 여기저기를 돌아다녔어.

엄마와 아빠는 밖에서 모기가 들어오지 못하게 방충망을 살폈어. 하지만 이미 집 안 곳곳에 모기가 있는지 모레나의 귀 주변에서 앵앵거리며 돌아다녔지.

"식사해요."

엄마가 식탁에 음식을 차려 놨어. 식구들 모두 식탁에 앉아 간단히 기도한 후 음식을 먹었지.

"호세, 입맛이 없니?"

"……."

엄마의 말에도 호세는 대답이 없었어. 그러곤 밥을 안 먹겠다며 자리에서 일어났지. 호세가 먹을 걸 마다하는 건 흔한 일이 아니었어. 엄마는 조금이라도 먹어 보라고 권했지만 호세는 배가 아프다며 먹지 않았지.

그날 밤이었어.

호세가 땀을 흘리며 몇 번이고 몸을 뒤척였어. 게다가 가느다란 신음까지 냈지.

"호세?"

옆 침대에 있던 모레나가 몸을 일으켜 조심스럽게 호세를 불렀어.

"호세, 왜 그래?"

하지만 호세는 대답하지 않았어. 모레나는 자리에서 일어나 호세에게 다가갔어.

호세는 곤히 잠을 자고 있었지. 하지만 뭔가 이상했어. 모레나는 호세의 이마에 손을 얹었어. 호세의 이마가 무척 뜨거웠어. 마치 불덩이 같았지.

"호세! 괜찮아?"

호세는 눈도 뜨지 않았고 대답도 하지 않았어.

"엄마, 아빠! 호세가 이상해요!"

모레나는 당장 엄마 아빠에게로 달려갔어.

"호세가 대체 왜 이러는 거예요?"

"감기인 것 같은데……."

아빠는 호세의 몸 곳곳을 만졌어. 그러곤 고개를 갸우뚱하더니 호세의 윗옷을 벗겼어. 그러자 호세의 등에 붉은 반점이 보였어.

"이런, 아무래도 뎅기열 같구나."

"뎅기열이라뇨? 왜 그런 게 걸리는 거예요?"

"모기 때문이야."

뎅기열에 걸리면 열이 나고 온몸이 아프다고 했어. 오늘 저녁 호세가 밥을 먹지 않은 이유도 그 때문일 것이라고 했지.

모레나는 발을 동동 굴렀어. 호세가 얼마나 아플지 상상할 수도 없었어.

아빠는 호세를 업고 밖으로 나갔어.

"저도 갈래요!"

"안 돼. 모레나, 너는 집에 있거라."

"아니에요. 또 모기에 물리면 어떻게 해요? 제가 곁에서 모기를 쫓을게요."

더 이상 지체할 수 없었어. 아빠와 엄마, 그리고 모레나까지 모기에게 물리지 않도록 옷을 챙겨 입고 밖으로 나왔어.

"여보, 모기 기피제를 좀 뿌려 줘요."

"집에 있는 건 다 떨어졌어요. 어제 낮에 사려고 했더니 품절이라고 하더라고요."

엄마는 혹시 모기에게 물릴까 싶어 모레나와 호세에게 부채질을 하며 말했어. 갑자기 많아진 모기 때문에 많은 사람이 모기 기피제를 사려고 했고, 그 때문에 물건이 동이 나 살 수 없었던 거야.

차로 한참을 달린 끝에 병원에 도착했어. 하지만 병원에는 사람이 많았어. 입구에서부터 사람들로 가득했지.

"왜 이렇게 사람이 많은 거예요?"

"아무래도 모두 같은 이유인 것 같구나."

아빠는 한숨 섞인 목소리로 말했어. 모기 때문에 뎅기열에 걸린 사람들일 것이라 했어.

아빠는 병원 인근에 차를 세우고 호세를 업은 채로 병원으로 향했어. 혹시라도 호세가 또 모기에게 물릴까 봐 엄마와 모레나는 연신 부채질을 해 주었지.

겨우 병원 안으로 들어갔지만 구름처럼 몰린 사람들로 진료 접수조차 할 수 없는 지경이었어.

'우리 호세를 살려 주세요, 제발.'

대기실에 앉아 있던 모레나는 마음속으로 기도했어. 열이 떨

어지도록 물수건으로 호세의 몸을 닦던 엄마의 눈에도 눈물이 맺혔지.

"누나……."

기운 없이 눈을 감고 있던 호세가 드디어 말을 했어.

"호, 호세야!"

모레나는 반가운 마음에 큰 소리로 호세의 이름을 불렀어.

"난 괜찮아……."

호세는 애써 미소를 지으며 힘겹게 말했어.

곧이어 호세는 진료를 받기 위해 엄마와 함께 진료실로 들어갔어. 호세를 바라보던 모레나의 눈에서 눈물이 흘러내렸어. 호세가 기운을 차려서 다시 마당과 집 안을 뛰어다니길 간절히 바랐지.

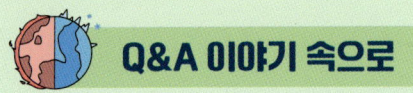
Q&A 이야기 속으로

모레나와 호세 남매는 어디에 살고 있나요?

모레나와 호세는 남아메리카에 있는 아르헨티나에 살아요. 아르헨티나는 한반도보다 12배나 커요. 또 남반구에 있어서 우리나라와는 계절이 반대지요. 북부 지역은 아열대 기후이고, 수도가 있는 중부 지역은 온대 기후로 따뜻한 편이에요. 안데스산맥, 이구아수 폭포, 파타고니아 빙하 같은 아름다운 자연에는 많은 종류의 동식물이 살고 있답니다.

나, 이구아수 폭포는 세계에서 가장 큰 폭포지!

부에노스아이레스는 아르헨티나의 수도야.

지구 온난화를 좋아하는 생물이 있다고요?

지구 온난화로 홍수와 폭우가 자주 발생하면 호세가 빠진 물웅덩이처럼 고여 있는 물이 많아지게 돼요. 웅덩이는 모기가 좋아하는 장소예요. 웅덩이가 많아지면 더 많은 곳에 알을 낳을 수 있어서, 모기 수가 늘어나게 되지요.

모기는 지카 바이러스, 뎅기열, 말라리아, 일본 뇌염 등 다양하고 치명적인 바이러스를 옮겨요. 뎅기열에 걸리면 심한 경우 사망하기도 하는데 아직 예방 주사나 치료제가 없어요. 뎅기열이나 말라리아는 주로 열대 지방에서 나타나지만, 최근 높아진 기온으로 인해 우리나라뿐 아니라 전 세계 다양한 곳에서 발생하고 있답니다.

지구 온난화로 잠자던 바이러스가 깨어난다고요?

지구 온도가 올라가면 바이러스와 세균의 활동이 활발해져요. 감염병을 옮기는 모기나 진드기 등의 활동 범위를 넓히거나 야생 동물의 서식지를 이동시키기도 하지요. 또한 지구 온난화로 빙하가 녹으면 그 안에 갇혀 있던 바이러스가 세상에 나타나 퍼질 수 있어요. 최근 전문가들은 히말라야산맥에 있는 티베트 빙하에서 1,700종이 넘는 고대 바이러스를 발견했다고 해요. 빙하가 녹아 이 바이러스들이 퍼지면 어떤 위험이 닥칠지 알 수 없어요. 지구 온난화를 막아야 하는 또 다른 이유이지요.

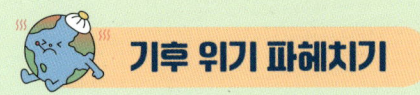 **기후 위기 파헤치기**

기후 위기 방지 프로젝트!

　지구 온난화에 의해 지구 전체에 걸쳐 피해가 심각해지자 세계 곳곳에서 다양한 움직임이 일어났어요. 1992년에는 브라질 리우데자네이루에 전 세계 대표들이 모여 '리우 회의'를 진행했어요. 이 회의에서 지구 생태계를 보전하기 위해 각 나라와 시민들 모두 참여해야 한다고 선언했지요. 당시 지구촌 최대의 환경 회의였던 리우 회의는 오늘날에도 중요한 지침이 되고 있답니다.

　'리우 선언' 이후 채택된 '교토 의정서(1997년)'와 '파리 협정(2015년)'은 온실가스 배출량을 줄이고, 지구 평균 기온 상승을 1.5도씨 이하로 유지하도록 전 세계에 요구하고 있어요.

　이뿐만이 아니에요. 2018년, 15세인 그레타 툰베리는 금요일마다 학교에 가는 대신 스웨덴 의회 앞에서 '미래를 위한 금요일'이라는 1인 시위를 시작했어요. 십 대 청소년의 작은 움직임은 전 세계로 퍼져 나가 수백만 명이 참여하는 운동으로 확산되었지요. 이처럼 뜨거워지는 지구 환경을 구하기 위한 다양한 움직임은 계속되고 있답니다.

빗물에 잠긴 도시

아침부터 하늘에 먹구름이 가득했어. 학교 수업이 끝난 윤찬이는 학원에 가기 위해 빠른 걸음으로 운동장을 가로질러 걸어갔어.

후드득, 쏴아아.

갑자기 하늘에서 비가 쏟아졌어. 윤찬이는 들고 있던 우산을 펼쳤어. 오늘 비가 많이 올 거라며 아침에 엄마가 챙겨 준 우산이었지.

며칠 동안 계속 비가 내렸어. 이제는 좀 그치는가 싶었더니 오늘 또 비가 내리기 시작했어. 지난달 장마 때 한참 동안 비가 내리더니 8월 한여름이 시작되었는데도 비는 계속 내리다 그치기를 반복했어.

윤찬이는 쏟아지는 비를 피해 학교 앞 문구점 처마 밑에 서 있었어. 비가 조금 잦아들면 움직일 생각이었지.

"엄마 기다리니?"

문구점 아주머니였어. 윤찬이가 처마 밑에 서 있자, 문을 열고 나와 윤찬이에게 말을 걸었지.

"아니요. 학원 가야 하는데 비가 너무 많이 와서 비 그칠 때까지 기다리고 있어요."

"오늘 비가 많이 온다니 집으로 가야 할 것 같은데……."

아주머니의 말대로 비는 그칠 것 같지 않았어. 윤찬이는 하릴없이 우산을 쓰고 빗속을 뛰어갔어. 거리에 있는 사람들도 제각각 바쁘게 움직였지.

쏴아아아.

비는 아까보다 더 많이 내렸어. 우산을 썼지만 바지가 다 젖고 말았지. 윤찬이는 가방을 앞으로 메고 부둥켜안았어. 가방 속 책이 젖을까 걱정되었거든.

학원을 향해 뛰던 윤찬이는 몸을 돌려 반대 방향으로 뛰었어. 아무래도 오늘은 학원에 가기 힘들 것 같았어. 대신 엄마의 반찬 가게로 가야겠다는 생각이 들었지.

장화에 빗물이 들어와 발은 이미 흠뻑 젖어 있었어. 지금까지 본 비 중에 가장 많은 비가 내리는 것 같았어.

윤찬이는 다시 문구점 처마 밑으로 돌아왔어. 그러곤 가방에서 스마트폰을 꺼냈지.

"고객님이 전화를 받지 않아……."

엄마는 전화를 받지 않았어. 이후로도 몇 번이나 전화를 했지만 마찬가지였어.

윤찬이는 인근에 있는 지하철을 타고 엄마에게 가야겠다고 생각했어. 지하철 한 정거장만 가면 엄마의 반찬 가게에 갈 수 있었거든.

그런데 그때, 지하철 출구에서 사람들이 쏟아져 나왔어.

'대체 무슨 일이지?'

사람들은 무언가에 놀란 듯 정신없이 지하철역 출구를 빠져나왔어.

"꼬마야, 지하철역에 물이 차서 들어가면 위험해."

누군가 지하철역으로 들어가려는 윤찬이를 향해 말했어.

그 말에 윤찬이는 다시 스마트폰을 꺼내 엄마에게 전화를 걸었어. 반찬 가게가 지하상가에 있었거든.

'지하에 물이 들어찼다면 엄마도 위험한데…….'

엄마가 전화를 받지 않자 마음이 더 조급해졌어. 하지만 계속되는 시도에도 통화가 되지 않았지. 윤찬이는 하는 수 없이 발걸음을 돌렸어. 그사이 비가 좀 잦아들었어. 하지만 하늘에는 여전히 먹구름이 가득했지.

윤찬이는 다시 가방을 등에 메고 걸음을 옮겼어. 어차피 지하철 한 정거장밖에 되지 않으니 반찬 가게까지 걸어서 갈 생각이었지. 비 때문에 거북이처럼 가던 차들도 비가 그치자 속도를 내기 시작했어.

윤찬이는 한참을 걸어 반찬 가게가 있는 지하철역에 도착했어. 다행스럽게도 역으로 들어가지 못하게 통제하고 있지는 않았어.

그때 또다시 비가 쏟아지기 시작했어.

윤찬이는 빠른 걸음으로 지하철역으로 들어가는 계단을 내려갔어. 윤찬이의 등 뒤로 거센 비가 쏟아졌지만, 곧 엄마를 만난다는 생각에 큰 걱정은 되지 않았어.

"엄마!"

저 멀리 엄마를 발견한 윤찬이가 소리쳤어. 다행히 엄마는 무사해 보였어.

"윤찬아! 학원 안 가고 왜 가게로 온 거야?"

엄마는 윤찬이를 보고 걱정스러운 얼굴로 물었어.

"비가 너무 많이 와서요……."

"그래, 잘했다. 여기 좀 있어 봐. 곧 비가 더 온다고 해서 엄마 아빠가 어제 장 봐 온 것들을 정리하고 물건들을 높은 곳에 올려놓고 있었어."

엄마와 아빠는 분주하게 움직였어. 혹시 상가까지 비가 들어

온다면 가게 안에 있는 음식이나 물건들이 상하기 때문이었지.

"장마도 끝났는데 웬 비가 이렇게 많이 내릴까."

엄마는 한숨을 쉬며 혼잣말을 했어.

그런데 그때였어.

"어서 피해야 할 것 같아요. 이곳 지하상가에 물이 찰 수도 있대요."

옆집 부동산 아저씨였어. 아저씨는 상가 이곳저곳을 다니며 사람들에게 상황을 알리고 있었어.

"여보, 우리도 빨리 빠져나갑시다. 윤찬아, 어서 나가자."

아빠가 엄마에게 말했어. 하지만 엄마는 대답도 하지 않고 물건들을 정리하기에 바빴어.

"여보, 어서요. 빨리 나가야 할 것 같은데······."

아빠의 말이 채 끝나기도 전에 가게 안의 불이 꺼지고 말았어. 가게 안뿐만 아니라 지하상가에 있는 모든 전등의 불이 나갔어. 아빠는 정전이 된 것 같다고 했어.

엄마는 그제야 자리에서 일어났어. 윤찬이와 엄마 아빠는 스마트폰의 불빛에 의존해 반찬 가게를 벗어났어. 상인들 역시 급한 걸음으로 지하상가를 빠져나가고 있었어.

다행히 모두가 빠져나올 때까지 지하상가에 물이 들어차지 않았어. 곧이어 경찰들이 도착해서 사람들이 지하상가에 들어가지 못하게 막았지. 엄마는 가게가 걱정되는지 연신 상가 쪽을 바라보았어.

"아니, 안 된다니까요."

휴대폰 가게 아저씨와 경찰의 목소리가 들렸어. 아저씨는 지하상가랑 통해 있는 지하 주차장으로 가겠다고 했고, 경찰은 위험하니 가지 말라고 했지. 한참의 실랑이를 벌인 끝에 아저씨는 사라졌어.

윤찬이와 엄마 아빠는 집으로 가기 위해 버스 정류장에 서 있었어. 하지만 또다시 거센 비가 쏟아지기 시작했어. 곧이어 물이 발목까지 차 버렸어. 버스는커녕 택시도 잡을 수 없을 지경이었지.

"아빠, 저기 좀 봐요!"

도로에 있던 맨홀 뚜껑이 들썩이고 있었어.

"지하에 물이 많이 차니 맨홀 뚜껑이 압력에 못 이겨 저러는 거야. 위험하니 어서 여길 벗어나자."

아빠는 윤찬이의 손을 잡고 걸음을 재촉했어. 하지만 어느새 빗물이 종아리까지 차고 말았어.

"이거 큰일인데."

어느새 도로에 서 있던 차들이 꼼짝도 하지 않았어. 게다가 길을 가던 버스는 문을 열어 놓은 채 아슬아슬하게 서 있었지.

"엄마, 못 움직이겠어요."

윤찬이는 더 이상 발을 뗄 수 없었어. 한 발짝만 더 움직였다간 빗물에 쓸려 넘어질 것 같았지.

"좀 더 높은 곳으로 올라가자."

아빠는 윤찬이와 엄마의 손을 잡았어.

"이 건물 옥상에 올라가서 119에 구조 신고를 해요."

엄마는 건물 옥상을 가리키며 말했어. 아빠와 윤찬이는 엄마를 따라 계단을 올라 건물 옥상으로 피신했어.

"세상에나……."

엄마는 입을 다물지 못했어. 옥상에서 바라본 서울의 풍경이 놀라울 뿐이었어. 왕복 6차선 도로에 물이 들이차 도로인지 강인지 구분할 수 없을 정도였고, 도로에 세워진 차들은 이미 지붕만 드러낸 채 물에 잠겨 있었어.

"엄마! 저기 좀 보세요!"

그때 윤찬이가 어딘가를 가리켰어. 멀리 버스 정류장으로 보이는 곳에 사람들이 정류장 지붕에 올라가 있었어. 옥상에서 그들이 있는 쪽으로 다가가 스마트폰 카메라로 확대해 보았어. 그랬더니 지붕에 올라간 사람들이 구해 달라며 손짓하고 있는 모습이 보였어.

"이럴 수가……."

윤찬이는 너무 놀라 입을 다물지 못했어. 그 모습을 본 아빠는 곧장 119로 신고 전화를 걸었어.

"여기 행목오거리인데요. 사람들을 구조해야 할 것 같아서요. 네? 네, 알겠습니다."

하지만 어쩐 일인지 아빠는 전화를 하자마자 끊어 버렸어.

"아빠, 소방대원들이 출동한대요?"

"아니. 지금 신고 건수가 수백 건이라 출동할 소방관이 없다는구나."

윤찬이는 아빠의 말을 믿을 수가 없었어. 위험에 빠진 사람들을 구할 수 없다니, 도저히 우리나라에서 일어난 일이라는 게 믿어지지 않았지.

멀리 마을 하천인 행목천이 보였어. 평소 무릎 정도의 물 깊이였는데 지금은 엄청난 물줄기에 둑이 넘치기 직전이었어.

"이런 큰일이네. 비가 더 오면 하천이 넘치겠는데."

아빠 말대로 조금만 더 비가 내리면 하천이 범람해서 거리가 아예 물바다가 될지도 몰라. 야속하게도 비는 계속 쏟아지고 있었어.

윤찬이는 먹구름이 가득한 하늘을 바라보며 작게 속삭였어. 제발 무사히 집에 가고 싶다고 말이야. 윤찬이는 눈을 질끈 감으며 자리에 주저앉았어.

얼마나 지났을까. 윤찬이의 얼굴에 햇살이 비추기 시작했어. 먹구름 사이로 해가 나온 거야.

"어? 해가 나고 있어요!"

윤찬이가 외치자 자리에 앉아 있던 엄마가 벌떡 일어나 건물 밖을 바라보았어.

"물도 조금씩 빠지고 있네요."

어느새 도로를 가득 채우던 물의 수위가 눈에 띄게 낮아졌어. 버스 정류장 지붕 위에 있던 사람들도 어디론가 이동했지. 아슬아슬하게 둑을 넘어올 것 같던 행목천의 물줄기도 다소 약해졌어.

"정말 다행이야."

윤찬이는 낮은 목소리로 속삭였어.

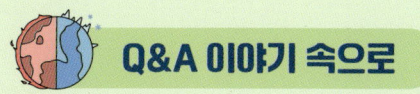 **Q&A 이야기 속으로**

윤찬이는 어디에 살고 있나요?

　윤찬이는 대한민국에 살아요. 우리가 살고 있는 대한민국은 아시아 대륙 동쪽에 자리한 한반도에 있고, 인구는 약 5,200만 명이에요. 서쪽은 서해, 동쪽은 동해, 남쪽으로는 대한해협을 마주하고 있으며, 북쪽으로는 북한과 접하고 있지요. 삼면이 바다로 둘러싸여 있어서 다양한 어업 활동이 이루어지고, 국토의 약 70퍼센트가 산지일 정도로 산이 많아요. 기후는 온대 기후로 사계절이 뚜렷한 편인데, 기후 위기로 인해 여름과 겨울은 길어지고 봄과 가을은 짧아지고 있답니다.

높다란 빌딩으로 채워진 강남의 거리와 한강의 모습이에요.

비가 와서 강남이 물에 잠겼다고요?

　2022년 8월, 우리나라에 폭우가 쏟아졌어요. 장마는 끝났지만 그보다 더 많은 비가 쏟아졌지요. 특히 시간당 100밀리리터가 넘는 폭우가 쏟아진 서울 강남 지역의 피해가 컸어요. 지대가 낮은 지형적 특성에 갑자기 쏟아진 비가 더해져 대홍수가 일어난 거예요. 당시 침수, 정전, 산사태 등으로 수천 명이 대피했고 17명이 사망했어요. 실종자도 발생했지요. 중요한 것은 이러한 폭우가 더 빈번히, 더 강력하게 생길 거라는 사실이에요.

폭우는 왜 생길까요?

　최근 들어 전 세계 곳곳에서 갑자기 많은 양의 비가 쏟아지는 일이 늘었어요. 전문가들은 그 원인이 '지구 온난화'라고 말해요. 지구의 평균 기온이 올라가면서 대기 중에 포함된 수증기량이 더 많아졌기 때문이지요. 뜨거워진 대기는 더 많은 수증기를 가두게 되고, 그래서 비가 자주 또 많이 내리는 거랍니다.

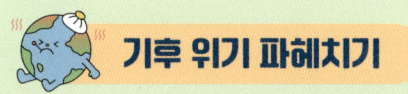 **기후 위기 파헤치기**

기후 위기를 헤쳐 나갈 우리의 실천 방안

지금 지구는 점점 뜨거워지고 있어요. 기후 전문가들은 이대로 가다간 조만간 지구에 사는 생명들이 멸종될 수 있다고 경고하고 있지요. 앞으로도 지구에서 안전하고 쾌적하게 살려면 어떻게 해야 할까요? 우리가 할 수 있는 방법들을 살펴보아요.

1. 일회용품은 줄이고 물건은 오래 써요!

물건을 만들고 운반하는 과정에서도 탄소가 많이 나와요. 그러니 장을 볼 때는 과도하게 포장된 물건을 사지 않고, 장바구니를 사용하는 게 좋겠지요. 옷이나 장난감, 생필품 등은 되도록 오래 사용하고, 작아지거나

우리가 사는 지구를 함께 지켜요!

싫증이 난 물건은 다른 친구와 교환하는 것도 좋아요. 화장지 대신 손수건, 일회용 젓가락 대신 개인 젓가락을 준비해 사용하는 것도 좋은 방법이에요. 또한 먹거리는 가까운 곳에서 생산된 것을 이용하면 탄소를 줄일 수 있어요. 가까운 거리를 이동할 땐 걷거나 자전거, 대중교통을 이용하면 환경에 큰 도움이 되겠지요.

2. 고기를 조금씩 줄여 보아요!

사람들은 세계 곳곳에서 열대 우림을 없애고, 그 자리에 가축에게 먹일 사료를 재배하거나 가축을 키우는 농장을 만들었어요. 다시 말해서, 탄소를 흡수하는 숲을 파괴하고 그 자리에 탄소를 배출하는 농장이 들어선 셈이에요. 고기 소비를 차츰 줄여 나간다면 숲을 지키고 기후 위기를 막을 수 있을 거예요.

3. 전기와 인터넷 사용을 줄여요!

전기를 생산할 때도 탄소가 발생해요. 그러니 사람이 없을 때 텔레비전이나 에어컨을 꺼 두면 전기를 절약할 수 있어요. 또 온라인 동영상을 보거나 인터넷을 사용할 때 엄청난 양의 물과 가스, 전기가 들어가고 탄소 배출에도 영향을 준다고 하니 사용을 줄이는 게 좋겠지요.

4. 기후 위기에 관심 있는 정치인은 누구일까요?

기후 위기에 관심 있는 정치인에게 투표하는 것도 지구를 지키는 좋은 방법이에요. 아직 투표권이 없는 어린이들은 부모님이나 어른들에게 기후 위기의 중요성을 알릴 줄 수 있어요. 물론 개인의 행동도 중요하지만, 기후 문제는 한 나라만 잘한다고 해결되지 않아요. 전 세계가 함께 노력해야 하죠.

만약 환경보다 경제적 이익만 생각하는 정치인이 뽑힌다면, 온실가스 감축이나 지구 온난화 해결에는 소홀해질지도 몰라요. 그렇게 되면 기후 위기는 더 빨리 찾아올 수 있어요. 우리가 하는 작은 행동 하나하나가 지구의 미래에 영향을 준다는 걸 꼭 기억해 주세요!

뜨거워지는 지구를 구해 주세요!

지구를 위협하는 기후 위기

초판 1쇄 발행 2025년 07월 10일

글 박효연 **그림** 배철웅
발행처 주식회사 스푼북 **발행인** 박상희 **총괄** 김남원
편집 길유진 박선정 이민주 이지은
디자인 정진희 권수아 **마케팅** 박병건 박미소
출판신고 2016년 11월 15일 제2017-000267호
주소 (03993) 서울시 마포구 월드컵북로6길 88-7 ky21빌딩 2층
전화 02-6357-0050(편집) 02-6357-0051(마케팅)
팩스 02-6357-0052 **전자우편** book@spoonbook.co.kr

ⓒ 박효연, 배철웅 2025
ISBN 979-11-6581-595-0 (73400)

* 저작권법에 의하여 한국 내에서 보호를 받는 저작물이므로 무단 전재와 무단 복제를 금합니다.
* 잘못 만들어진 책은 구입하신 곳에서 바꾸어 드립니다.
* 사진을 제공해 주신 곳 : 셔터스톡

제품명 지구를 위협하는 기후 위기 **제조자명** 주식회사 스푼북 | **제조국명** 대한민국 | **전화번호** 02-6357-0050 **주소** (03993) 서울시 마포구 월드컵북로6길 88-7 ky21빌딩 2층 **제조년월** 2025년 07월 10일 | **사용연령** 8세 이상 ※ KC마크는 이 제품이 공통안전기준에 적합하였음을 의미합니다.	⚠ 주 의 아이들이 모서리에 다치지 않게 주의하세요.